泥河湾考古口述史

衣长春
李思雨 主编

中国大百科全书出版社

图书在版编目（CIP）数据

泥河湾考古口述史 / 衣长春，李思雨主编. -- 北京：中国大百科全书出版社，2025.3. -- ISBN 978-7-5202-1772-9

Ⅰ. K878.04

中国国家版本馆CIP数据核字第2025Y661D5号

NIHEWAN KAOGU KOUSHUSHI
泥河湾考古口述史

衣长春　李思雨　主编

出 版 人	刘祚臣
出版统筹	张京涛
责任编辑	李　珃
责任校对	易晓燕
责任印制	吴永星
出版发行	中国大百科全书出版社
地　　址	北京市西城区阜成门北大街17号
邮　　编	100037
网　　址	http://www.ecph.com.cn
电　　话	010-88390725
印　　刷	保定市铭泰达印刷有限公司
开　　本	710mm×1000mm　1/16
字　　数	200千字
印　　张	13.5
版　　次	2025年3月第1版
印　　次	2025年3月第1次印刷
书　　号	ISBN 978-7-5202-1772-9
定　　价	49.80元

版权所有　翻印必究

如发现本书装订质量有问题，读者可与出版社联系调换。

联系电话：010-88390640

目　录

高　星：泥河湾是中国的，更是世界的　　　001
谢　飞：我与泥河湾同在　　　028
孙　莉：永远在泥河湾保护第一线　　　048
成胜泉：我是泥河湾人，我与泥河湾同在　　　053
梅惠杰：独爱泥河湾　　　064
赵海龙：泥河湾是公众遗产　　　076
高文太：发现马鞍山遗址　　　090
王明堂：虎头梁的发现是个惊喜　　　121
白日有：坚守初心，培育后辈　　　128
白世军：守住枯燥，踏实勤恳　　　148
白惠元：源于热爱，不惧孤独　　　167
胡　忠：考古有困难，也得克服　　　173
宋存瑞：投身热爱，荫及将来，永不止步　　　178
胡　文：搞调查，迷路受伤都是常事　　　181
孙树平：想发掘的不仅是神秘，还是敬畏　　　187
陈　辰：把工作当乐趣，心系后辈，服务祖国　　　193
高志伟：做严冬里的翠柏，意志不衰　　　204

致　谢　　　211

高星：泥河湾是中国的，更是世界的

高星，辽宁宽甸人，著名考古学家、古人类学家，中国科学院古脊椎动物与古人类研究所特聘研究员，中国科学院大学岗位教授、博士生导师，国际古迹遗址理事会中国委员会（ICOMOS/China）执委，周口店古人类学研究中心主任，宁夏水洞沟遗址博物院院长，中国第四纪科学研究会古人类—旧石器专业委员会主任，《人类学学报》副主编，《第四纪研究》副主编，享受国务院政府特殊津贴，承担科技部、国家自然科学基金、国家社会科学基金等多项重大项目，提出中国旧石器时代两期断代说和东亚古人类综合行为模式。

主要研究领域为古人类学和旧石器时代考古学，出版《水洞沟——穿越远古与现代》《周口店北京人遗址》《石器微痕分析的考古学实验研究》《泥河湾与垂杨介——第16届垂杨介与她的邻居们国际学术研讨会》等10余部专著。

对于泥河湾，心向往之，倍感珍惜

泥河湾声名在外，要回忆起"初见"和"相识"，还真的是很多年前的事了。相比纸上的描绘，泥河湾现场更加令人震撼。

我参与泥河湾工作的时间虽然不是太早，但对我来说，"泥河湾"这个名字早已如雷贯耳。对我们搞考古的，尤其是做旧石器时代考古的群体来说，泥河湾是一个响亮的名字，也是一个学科开始的地方，更是心中向往的圣地。早在1924年，西方的一些地质学家就在泥河湾遗址群进行过调查，发现过很多动物化石，并且发现当地的地层非常厚，也比较连贯，是河湖相标志性地层。他们当时定名为"泥河湾层"和"泥河湾动物群"，这些术语对日后的研究产生了重要的影响。那个时候，也有盆地中发现关于旧石器时代文化遗存的零星报道，虽然后来学术界认为当时发现的所谓石制品并非人工制品，但也因此使得学术界对旧石器遗存有所关注。按照实践经验来讲，第四纪地层、哺乳动物化石，往往都会赋存一些人类遗存。20世纪60年代，考古学家们首先在虎头梁遗址有所发现和突破。

随着考古发现越来越多，泥河湾就变得比较有名了。在我上学期间，甚至在研究生阶段，对泥河湾的认知和了解大部分还是通过书本和媒体报道。真正有机会去实地考察，已经是在研究所工作期间的事情了。

1980年，我考入北京大学历史系考古专业学习。学期伊始，我就对旧石器时代考古产生了兴趣，常常会阅读一些与旧石器相关的文献资料，因此不可避免地与泥河湾产生了联系。我对泥河湾的印象，也从原来的模糊了解到有了更清晰的认知，实际上，我是通过文字，走进了书本中描绘的泥河湾。1985年，我考入中国科学院古脊椎动物与古人类研究所读硕士研究生，本以为有机会到泥河湾遗址群的旧石器现场去领略实地的壮美，中间好像也有过去那里采样的机会，但是因为种种原因没有去成，所以一直心向往之，而没有真正地踏足这个地方。

我真真正正踏进泥河湾，是在1990年。当时，正值泥河湾开展中美合作考古（这个合作酝酿了很长时间，但直到1990年才真正跟美国考古队的学者到实地进行联合考古）。我借此机会到泥河湾参与工作，最开始就是在飞梁遗址，记得当时现场的景象令我无比震撼。泥河湾在地理位置上与北京距离并不是很远，但是泥河湾的环境、风貌与想象中的完全不一样。虽然在这之前，我们也到一些考古遗址现场做过一些工作，但是像泥河湾盆地那种风貌的很少，尤其像大田洼台地，放眼望去，沟壑纵横，瞬间感觉被扑面而来的历史感、苍凉感和古人类家园的气息层层裹住，还有一些说不上来的复杂感。这是一种相对直观的感官感觉，而心理上的使命感与责任感则促使我们去翻山越岭寻找这些遗址，进行发掘工作。那个时候，对泥河湾的体会就更加深刻了。

考古学方法，学习国外，扎根本土

早期工作方法受美国考古理念影响——规范化记录和提取，后来走了一些弯路，现在终于寻找到适合中国考古的创新方式方法。

与美国的合作，我受益良多。那个时候，我们跟西方学术界的联系很少，几乎处于隔绝的状态。西方的学术思想——包括一些理念和方法——对我们来说都比较陌生。虽然在改革开放以后，互相之间有所接触，但无论是学者之间的接触，还是阅读相关的文献资料，都很肤浅，并不能有很深入和非常系统的了解。当我们真正跟美国学者在一起工作的时候，才感受到我们与西方有着很大的差异。

从学科发展的历史来说，20世纪20年代末至30年代，在周口店的考古工作中，我们有很高的起点和很规范的做法，例如打格分方，对遗物、遗迹进行比较规范的记录，对信息尽可能地提取等。但是，在后来很长的时间里，我们把这些方法抛弃了，又变回到利用古生物学的方法发掘。基本上就是把地层挖开，以地层为单元，把里面遗存的石制品、动物化石拣出来，但很少对位置进行记录。对标本、信息的采集也是通过发掘者的个人经验和实践积累进行判断，觉得比较典型的就收集起来，并不是全方位地收集。而其实，早在周口店时期，收集工作就已经做得比较规范，成为一个比较完整的体系了。后来，我们确实走了一些弯路。

1990年中美合作考古，我们在同美国学者一起工作的时候，又重拾了这一比较系统的方式，但不是对周口店时期工作的简单重复，而是在当时新的科技条件下，利用新的思路和方法进行创新。当时，还没有全站仪、水平仪等测量工具，与现在的科技水平不可同日而语。对比较大一点儿的、超过两厘米的标本都要进行产状、坐标测量，对任何可见的遗物都要进行采集。这实际上比周口店时期做的工作更加精细了。值得反思的是，我们国家地域广袤，有数量众多的研究材料，但我们的研究为什么跟西方世界有所不同，甚至存在差距？这种不同不仅体现在语言上，还体现在学术话语和研究视角上，而这与我们野外的工作方法、产地的信息采集、解读获取材料的方式均较为粗糙有关。

通过这种高精度的信息采集，结合大量的分析测试，能够得到翔实的数据支撑。而以前采取的那种典型标本研究是一种个别材料的收集，是支撑主观的、定性的材料观察，很少能达到定量的客观材料分析。这对我来说是一个很好的学习机会，对以后的学习和工作方法有很大影响。

中美合作，收获与遗憾并存

中美合作在那个时期是一件大事，打破了多年的交流壁垒，也是和西方接轨的开端。

对我们来说，真正的野外工作其实是很陌生的。那个时候，我虽然获得了硕士学位，但是，野外工作经验并不多，在这之前，仅仅是为了达到实习的目的，到山西丁村遗址去发掘过。为硕士学位论文准备材料期间，我在陕西大荔的遗址进行过考古发掘和材料整理工作，后来也到东北考察过。但是，泥河湾中美合作考古发掘与研究，对当时的我来说是一种更先进的理念和方法，感受还是非常不同和深刻的。在合作科考过程中，我看到了他们发掘的精细程度，信息提取的完整程度，包括对遗物的产状、空间分布记录的详细程度，整个过程是一种精耕细作的模式，这一切给我的震撼很大。参与中美合作，是我第一次到泥河湾，也是一次比较系统地了解泥河湾、深入泥河湾的过程。

在具体开展工作时，美国人的方法是以问题为导向，即以演绎法为导向。在当时，我们每到达一个遗址现场，首先了解这个遗址的情况，然后了解遗址的大背景，最重要的是要了解这个遗址、这个时期、这个区域赋存的一些科学问题。你需要解决什么问题，就要提前有解决这种问题的导向。这样，搜集资料时才能有更大的主动性和更加明确的方向感。另外，搜集到的所有资料都应该是服务于解决这个问题的，无论是你写文章，还是出相关的报道，都应该是以问题为导向。总而言之，就是要解决提前预设好的问题。

我们传统的方法大都是归纳法，在工作或处理材料之前往往不知道有什么问题需要解决。往往是在发掘、调查了一批材料以后，通过观察，总结出特点，再同其他进行比较，得到一些不痛不痒的结论。

所以说，中美看待问题的视角是有所区别的。美国所采取的演绎法，是从一种假设的前提出发，去寻找所需要的材料。从问题的角度出发来解决问题，是我们学到的与中国所采用的一种不同的科学方法。当然，中国的方法也有长处，与美国的方法可互补。

在合作考古期间的学习对我的成长起到了很好的推动作用，这不仅仅是野外发掘，也是不断研讨和培训的过程，大家都需要不断地对新出现的材料进行整理、分析。

美国方面很注重这次合作。当时，我们是研究所的一批年轻人，包括我和董柱安、员晓枫、龙凤骧、侯亚梅等。除了我们，还有一些其他单位的人参加，包括河北省的人员。大概美国学者也感到一种责任，希望通过中美合作的契机把他们的一些方法和理论传递给我们，所以在空闲时间就会给我们讲课。这对我们来说其实是在实践中学习的最好方式，同时能不断地改进一些具体的工作方法，这也是我在学术上有很大进步的一个关键环节。除了学术上的进步，组织和协调能力也得到了提高。同老乡之间的互动也挺有趣，它会营造一种让大家快乐地、有意义地去工作的氛围，甚至会对老百姓做一些科学普及的工作。当然这方面我们也一直在做，一直在努力地跟当地的老乡打成一片。中美合作的时间比较长，我们与学术、语言和环境背景都相去甚远的西方学者以及东方农民打交道的过程，也是挺有意思的一件事。

我在1990年、1991年全程参加了泥河湾中美合作发掘，1992年短暂参加了一段，以后就因为到美国做访问学者和留学，再没有参与相关的工作了。比较遗憾的是，中美合作那段期间，我觉得双方还是处在互相了解和探索合作方式的过程中，虽然野外工作做得很好，但是科学的结果并不是很好。后期，我们也没有对那些材料进行整理，所以导致那批材料到现在都没有被系统地整理出来，也没有被规范地发表出来。实际上，当时他们对这批材料有一定的计划，主要是美国加利福尼亚大学的戴森姆·克拉克（J. Desmond Clark）先生要与贾兰坡先生合编东谷坨的发掘报告，前期准备了一些素材，写了一些内容。我也参与过前期的一些准备工作，比如第一章介绍类的写作和翻译，可能之后大家都很忙，就没有进行下去。后来，两位先生相继去世，项目的后期就变得群龙无首，虽然后期还有一些合作，但可能一些工作没有安排好，导致后来没有把中美合作的成果很好地展示出来。所以说，整个项目缺失了很大一部分系统的参与、整理、编写和研究报告的过程。

飞梁遗址是泥河湾第一个中美合作的项目。遗址的命名，我还参与了，当时在野外大家都在考虑这个遗址叫什么名字，因为那个地方就是个土梁，老乡们口口相传说叫"二伯伯梁"，但叫起来比较拗口，又不方便记忆。毕竟，这是中美合作的第一个发掘地点。我就开玩笑说，干脆叫"飞梁"吧，用这个来表示对谢飞老师所做的贡献的肯定。克拉克先生非常高兴地肯定了这个意见,说:"就叫飞梁。"其他人也没有异议,名字就这样定了。现在,他们也开始用名字来命名一些遗址了,像石沟、梅沟、成沟等。这样大家就能够清楚地知道是哪座山、哪道梁,同时又能知道名字所包含的纪念意义,这是双赢的事情。

学成归国,责任更重

2000年,我从美国归来,我知道,要开始承担更多的责任了。

1992年,我就出国了,先到美国做访问学者,然后转入留学生,进行博士的深造。在我的学术生涯前期,参与泥河湾的工作并不多。2000年,我从美国回来,我知道,要开始承担更多的责任了。因为,20世纪90年代初参加工作的我是一个小青年,或者说是一个学生,但从国外回来以后就跟以前新人的感觉不一样了,需要承担更多的责任了。我在国外待了近8年的时间,在这期间,国内在学术环境上改变了很多:学术向前发展,跟西方进一步接轨;另外,就是代际的转换在快速地发生。以前的一些老先生,在我回来后的那段时期,都相继退出了第一线。贾兰坡先生去世了,其他像贾老一样的考古人,如张森水先生等也逐渐退休。我们好像一下子就成了中坚力量,不再是简单地跟着别人学习的学生,而是要转变身份,真正承担责任,主持相关的项目了。这时参与泥河湾的工作更多的是带着一种责任去做一些深层次的组织、协调和研究。

我记得刚回国那段期间,在阳原县参加过一次由中国第四纪科学研究会地层古生物专业委员会举办的第四纪地层古生物专业委员会泥河湾年会。会议之所以选择在泥河湾举行,是因为泥河湾盆地的重要性和对研究的重大意义,尤其是对第四纪的研究,无论是从地质学、人类学,还是古环境学、古动物学方面,都非常重要。当时,德高望重的刘东生先生也参加了这次会议。会上，大家对泥河湾盆地的学术价值以及它的重要性进行了很多讨论。当时，大家也认识到，因为前期没有足够的重视，当前的研究存在着很多问题，甚至相对滞后。泥河湾遗址的所在地——阳原，好像并没有因为有一处这样的遗址而给当地的社会文化发展及教育方面带来一些比较正面的影响，或是推动作用。所以，我们当时都比较急于先在学术上能够做出一点儿成绩出来，另外就是让泥河湾遗址发挥它的社会性功能，能够真正地造福当地的人民群众，推动当地的经济社会和文化发展。虽然，在会上，大家也提出了很多的意见和建议，但是，好像都没有起到很好的作用，或者说实际的指导作用。

现在想想，可能是当时的条件和时机不够成熟。虽然大家都知道泥河湾的重要性，但由于经费和项目支持不足，对泥河湾的研究也都是零零碎碎、不成体系的。每次能够成功申请到一些基金，或向当地政府申请到支持，就赶紧去做一点儿工作。在这期间，我们召开过一些国际会议，有些外国的学者会前来参观、考察，他们对泥河湾遗址也有着很高的热情。

互相成长，文化为重

更重要的是，要把科研成果作为一种文化产品、精神产品传递给社会，让广大的群众能够从中汲取知识的营养。

泥河湾和我其实是互相成长的。首先就是刚才讲到的中美合作，这对我个人有很大的帮助，不仅是学术方面，还有责任感、情感方面。

我觉得中外之间有一些差异性，这些是不可避免的，毕竟，经济、文化、社会、环境都有所区别，并不是说孰好孰坏，而学习他们的优势和长处才是比较重要的。我们刚跟美国学者一起工作的时候，就发现他们的工作方式挺有意思的：在工作的时候，他们很投入，不怕苦、不怕累，连续地工作也不会抱怨，夏天到野外去调查，风餐露宿，好像眼里只有工作，那种状态是很饱满的，很向上的；当他们闲下来，要休闲娱乐的时候也很投入，大家一起开开心心地聊天、一起玩儿，好像就是出来野营的。他们把工作和娱乐分得很开，能感觉到所有人都对工作和生活充满着一种热情。像克拉克先生，当时已经71岁了，但还是坚持每天走路往返于遗址和村里的住处之间，那是很远的一段路，而且还要登高爬到梯子上去照相。那种对工作的敬业精神给了我们很大的冲击。他的学生——真正主持项目的一对夫妇说，克拉克先生的心愿就是要献身在野外，尤其希望自己的生命终结在泥河湾盆地，觉得那是一种很好的归宿。由此看出，这是一种敬业精神，也是在科学面前很平等的态度。虽然克拉克先生的地位很高，又是他们的老师，但是他们之间也常发生争执，甚至是很激烈地吵架，并不是为了生活的琐事，而是在学术上的看法、观点有差异，甚至对于不同的做法，都会争得面红耳赤。这种情形给我的触动很大。外国同行有许多值得我们学习的地方：一方面，是刚才所说的敬业精神；另一方面，就是追求科学和真理。我们经常说的一句话，就是从西方传来的："吾爱吾师，吾更爱真理。"

当面对科学追求真理的时候，我们每个人都是平等的，都有同样的发言权。权威并不能主宰一切，为了科学真理，可以去打破人与人之间的等级、界限。真理面前应该人人平等。为了把科学的事实搞清楚，大家可以争论，而争论并不会影响到师生关系、朋友关系。

这些年来通过组织协调相关的工作，包括同党和国家领导人的互动，与当地政府的互动，以及各个科研机构之间的互动，提高了我的组织协调能力、主持大项目的能力和一种对行业自发的责任感。当你有一定的工作和任务要做时，这种社会责任感和行业使命感会不断地促使你去尽快成长起来，去主动承担责任，既然有需要你的工作和任务，你就要尽力做到最好。

此外，通过参与泥河湾盆地的科研，以及一些规划、评审甚至公众考古的工作，对我们考古学科未来的发展起到了非常好的推动作用。比如，我们2017年举办的首届中国旧石器时代文化节，就是由我发起并在泥河湾盆地推广的文化与科普活动。这个活动得到了社会各界全方位的支持，全国很多相关的科研人员、高校老师、相关遗产部门的管理人员、博物馆工作人员都积极参与，媒体也进行了大量的宣传、报道，这对泥河湾来说有很好的推动作用。我觉得通过这种方式，似乎找到了一个更大的舞台，让学术与社会、政府、媒体之间的互动发挥更大的功效，真正让大家知道我们古人类学、旧石器时代考古学，发掘和研究古老文化遗产等这些相关工作大有可为，而且十分有意义，也能对当代社会的发展起到一个正面的推动作用。这也使我和我的学生们跳出了以前那种在学术象牙塔里自娱自乐的方式，真正去面对更广大的群体——社会大众。我觉得这就是我们学习成长、增强责任感的一个机会。科研到底是为了什么？固然是要发现科学的真理，揭示人类演化的历史规律，但更重要的是，要把这些科研成果作为一种文化产品、精神产品传递给社会，让广大的群众能够从中汲取知识的营养，得到他们想要获取的信息。从大的层面来说，通过这种方式，能够为提高社会大众的文化素养做出贡献；从小的层面来说，通过这些知识的传播，使他们更加了解我们这个行业，从而为文化遗产保护，以及我们的工作提供更多的支持。

那段期间，我没有写很多东西。毕竟，那时候工作的时间还比较短，但我养成了一个好的习惯，就是发掘完马上就要对资料进行整理，并进行一些观察和记录。这种习惯也一直坚持下来，被我带到后来的工作当中，并也这样要求我的学生们。实际上，这些年，我的工作重点主要在宁夏水洞沟遗址，在那个遗址工作的时候就是这样的模式，我带领一个团队，白天进行发掘工作，晚上进行样本的整理、清洗、编号、记录，然后测量数据，再将这些获得的信息录入电脑，按部就班地进行工作，完整地把一天的工作流程做完，并把工作中收集到的信息及时提取出来。虽然发掘是考古工作中不可或缺的一个重要组成部分，但并不是唯一的工作内容，发掘工作完成后，后续的整理工作也要跟得上,这也是十分重要的。

我当时借鉴了一些国外的做法,对这个团队的成长,尤其是青年学生的成长帮助很大。我们招募了很多志愿者,让他们去参与发掘工作。我觉得有责任给他们创造普及考古知识、提高对考古认知的机会。有时候晚上虽然很累,但还是会坚持给他们讲课,如果到了要休息的时候,会利用半天时间来讲课;遇到天气不好的时候,也会安排进行讲课。总之,就是抓紧一切时间填补他们知识上的一些不足。围绕这个遗址,所有参与发掘和整理工作的人,在刚刚到达工作现场的时候一定要集合起来开一个队会,要给大家讲清楚,要进行工作的遗址现在是一个什么样的状况、我们为什么要发掘它、发掘它的意义在哪儿、去年进行过发掘工作今年为什么还要再来挖、今年的工作和去年有什么关系、每个人都有什么样的职责和任务、怎样才能做好这个工作。这些都是工作中必须有的程序,大家能够在参与工作前明确自己的工作内容和职责,再通过发掘过程中不间断地上课、学习,逐渐对自己的职责和遗址的认知越来越清晰,这样才能更好地发挥每个人的作用,提高工作效率,对个人的发展和遗址的研究都是有利的。

关于讲课的内容,是比较多样化的。有时候,我会给他们讲,有时候,也会请别的专家来给他们讲,不管是谁讲,讲的东西总归是对学生们有所启迪和帮助的。虽然与中部和东南地区相比,宁夏相对偏僻一点儿,但我们还是想了很多办法,请到了很多国内的大家学者来讲课。当时,我们还借鉴了一些国外的方法,比如类似 summer school(夏令营)性质的课程,采取这种在实践中学习、在学习中实践的模式。每个到考古工地的学生都要明白,我并不是招募你来做一个发掘的民工、技工,我们是把你作为学术界的后辈去培养,希望尽可能地创造更多收获知识和提高技能的机会,希望将来有更多的人能够进入考古领域,能够去思考相关的问题,能够成为有所成就的专家学者。这是我受美国专家的影响,得到的一种在实践中学习的经验。

相比水洞沟，泥河湾要发挥更大作用

人才队伍的培养非常重要，对学科发展也至关重要。把泥河湾作为旧石器时代考古的人才培训基地，非常可行。

将水洞沟和泥河湾进行对比，其实差异还是比较大的。

首先，水洞沟的时代比较晚，相对比较集中在某一个时段。除此之外，水洞沟的发掘工作比较容易进行，都是在河湖相粉砂质里，可以把一些很先进、很精细的方法运用到水洞沟的发掘上；而泥河湾的有些遗址区，尤其是像大田洼台地这类百万年的遗址，时间段上往往有一定的交集，在发掘上有一定的难度。当然，与周口店遗址相比，还是容易很多。

其次，从遗迹分布来讲，水洞沟遗迹遗物的分布并不是很集中，所以我们更多地把水洞沟作为一个田野培训基地，在实践中更便于操作和发掘，遗物出土比较多，可以不断观察到各种现象；但泥河湾是比较典型的早期遗址，出土的遗物相对比较单纯，大多是石制品、动物化石之类，遗迹现象很少。所以，我觉得，泥河湾的工作更多是属于学术上的工作，而水洞沟更多的是偏向学术和人才培训相融合，类似是与考古夏令营的一种结合。

再次，泥河湾与大城市的距离较远，我们在附近的村庄想要找一个住的地方都不是很容易，所以前来考察和工作的团队往往规模有限；而水洞沟与银川的距离比较近，安排各种后勤活动比较方便，一些非技术性的事宜操作起来比较容易，当地博物馆也会给予一定的支持。在泥河湾研究中心落成以后——据说2017年底就可以投入使用了，应该就有很便利的条件了。有了研究中心，我们就可以把泥河湾变成旧石器时代考古人才的培养基地，并不是说比水洞沟更适合作为人才培养基地，而是因为泥河湾有很多遗址点，存在着不同的时代可能会面临的不同问题，可以让人才在各方面得到锻炼。

还有一点，从北京、石家庄出发到泥河湾的交通比较方便。实际上，我们有具体的想法。在国家文物局开会的时候，曾经讨论过我提出的一个建议：把泥河湾作为旧石器时代考古的人才培养基地，把它变成一个国家文物局挂牌的人才培养基地。我们每年的发掘工作除了单纯的发掘，还应该带有人才培训的目的。总体来说，我们现在能够意识到旧石器时代考古人才是十分匮乏的，总体的体量小，尤其是队伍的体量小。还有很多地方的考古系统甚至没有旧石器时代考古方向的人员，有很多大学虽然开设考古专业，但有的连老师都没有学过旧石器时代考古，当然不可能培养出旧石器时代考古的人才。所以，人才队伍的培养非常重要，对学科发展也至关重要。把泥河湾作为旧石器时代考古的人才培训基地非常可行。

另外，虽然北京大学、吉林大学、西北大学等高校拥有比较雄厚的考古师资力量、比较规范的旧石器时代考古课程，但是学习旧石器时代考古的学生比较少，不可能专门对旧石器时代考古进行田野实习，往往都是在新石器时代遗址或者早期历史时期的遗址进行实习、实践，真正学习旧石器时代考古的学生往往得不到真正到旧石器遗址考察、发掘的锻炼机会。所以，我们想在泥河湾建一个人才培养基地，为全国高校的考古院系提供进行旧石器时代考古实习的场所，同时也面向全国各个省市的考古机构，为它们培养人才。至少能够教会他们怎么去辨别旧石器时代的遗存，怎么去发掘旧石器时代的遗址，发掘后怎么整理材料，如何写出详细、规范的发掘报告，再进一步进行研究，等等。

泥河湾的飞跃离不开各方的努力

泥河湾这些年得到了较高的关注度，离不开公众和学术界的重视。

我觉得泥河湾真正实现比较大的飞跃，是在 21 世纪初以来，差不多有将近10年的时间。其间有这样几个事件推动了泥河湾的整体研究，使其得到了广泛的关注。

一是关于泥河湾新的年代学的研究，相关学者在《自然》(Nature)上发表了两篇文章，其中一篇是在2001年发表的，另外一篇是在2004年发表的。这两篇文章分别对小长梁遗址和马圈沟遗址的年代进行了测试分析，2001年的文章将小长梁遗址所处的年代向前推至距今136万年，当时认为这是东北亚最早的人类驻足地。2004年的文章，又将马圈沟遗址的年代向前推到距今166万年，虽然文章的题目相差不多，还是东北亚最早的人类驻足地，但是毕竟将时间不断地向前推移。这些研究成果让泥河湾吸引了更多的关注。以前大家都觉得泥河湾的年代很早，但是没有比较准确的年代数据，现在知道泥河湾的具体时间段，跟人类最开始走出非洲的时间段（一般认为在距今180万年左右）相差不是很多了，而且泥河湾位于我国华北地区，属于东北亚的一个核心腹地。学术界一般认为人类扩散到这片地域的时间是比较晚的，大部分观点认为人类是从热带地区、亚热带地区迁移而来，现在有了这些确切的年代数据，就打破了原有的观点，人们对泥河湾遗址的关注就变得更热切了。

二是马圈沟遗址的发现和发掘，以及谢飞老师带领的团队所做的一些工作。发现了较早时期的石器，还有大象的足迹，甚至是人类利用和消费大象的一系列证据，包括切割、肢解等现象。谢飞老师的团队一方面坚持做学术研究，另一方面是在公众领域做普及工作，比如用"史前第一餐桌"这种相对通俗易懂的描述向公众进行表述，让公众理解它的意义，体现它的重要性，也更容易让公众接受。

所以，在学术方面和公众方面，马圈沟遗址在媒体上有很高曝光率，进而也带动了整个泥河湾遗址知名度的提升。

国家的重视，带给泥河湾新的机遇

"这么重要的一个工作，需要国家大的投入，你们科研单位就应该支持，就应该培养一个团队来长期做工作。"

党和国家领导人的关注是泥河湾发展的新机遇。2012年，刘云山和李长春同志先后来到泥河湾。当时，我跟谢飞老师负责陪同他们去遗址现场参观，并且为他们进行一些相关问题的讲解，以及宣传、介绍泥河湾的重要性。

我记得第一次与刘云山同志的对话很有意思。当时，他站在小长梁上，我给他讲小长梁的历史和重要性。"我们中国有这么大、这么重要的古人类生活的地方？"他说，"我到过东非的奥杜威峡谷，知道那是人类的起源地，到处都是遗址啊，石器啊，还出土了很多的化石。我很感兴趣。"我知道他确实对考古学、人类学很有热情，也很热心，他原来做新闻宣传工作时，考察过很多的考古遗址和博物馆，也写过很多文章。后来，我就给他介绍泥河湾的相关情况，说学术界都公认泥河湾盆地是东方的奥杜威峡谷，可以说这个地方所代表的东方人类演化场所，具有不可替代的地位。他听了说："我真没有想到，在我们的国家，离北京这么近的地方，有这么重要的遗址。"当时，有很多的媒体记者随行，他对记者说："你们一定要好好地宣传，这非常重要。"他问我和谢老师："为什么这么重要的遗址我们不知道？为什么宣传得不够？你们的研究是不是也研究得不够？"我告诉他确实研究得不够，媒体宣传得也不够。首先是因为研究得不够，研究的成果没有转化成可供媒体传播的信息，未形成向社会普及的良好条件。他问我们为什么不好好加以研究。我说最主要的就是得不到强有力的支持，没有大的国家项目的支持，我们的科研单位并不可能拿出很大的人力和资金来做这件事情，所以都是小打小闹、时断时续的一个工作。他说："那就不对了，这么重要的一个工作，需要国家大的投入，你们科研单位就应该支持，就应该培养一个团队来长期做工作。"我说，这个是非常理想的状况，必须要得到比较稳定的、充裕的国家项目的支持，否则这个队伍稳定不了，只能是时断时续。他说："嗯，是有道理的，我们应该思考怎么样加大国家的支持啊。"

李长春同志来的时候，刚开始对泥河湾也不是很了解，虽然他对人类的起源、历史等相关问题有很多的思考，也曾用笔名"咏春"发表了很多文章，但是对泥河湾并不完全知道。那天，他其实并不是专程为泥河湾而来，而是要去张家口看有关炎黄的三祖文化。当时，陪同的省委书记和省长对他说路上还有一处泥河湾遗址也很重要，他就决定要看一下，所以第一站就去了小长梁遗址。

在小长梁遗址上方考察的时候，随行的工作人员就悄悄告诉我们，介绍一定要简短，不要讲太多，首长时间有限。听了我们的讲解，李长春同志对遗址挺有兴趣，就问底下是什么样的，想去看看。因为小长梁遗址从台地往下走还有一段距离，碰巧那天刚下过雨，感觉有一些冷，随行人员告诉我们不能让首长下去，因为没有时间，另外就是比较担心首长的安全。我就说遗址点很远，而且也没有什么好看的，只有一些剖面在那里，并且距离发掘的时间很久了，可能什么也看不见。他又问："附近还有没有其他地方可以看？"我只好说有其他的几个点，但是距离都比较远，而且比较分散，如果要赶过去，实在是太远了。实际上，是我们没有办法让他去看，因为工作人员告诉我们必须马上启程。他就有点儿不高兴，因为一开始是我极力向他推荐这个地方，还讲了很多泥河湾的重要意义，但他想看遗址却没有看成。这个话题过去了，我就说在这个地方我们应该抓紧做几件事情，一个是把它申报成为世界文化遗产。他听到后，说："文化遗产？这个地方有文化吗？这个地方是一个自然的东西，没有文化啊。"我觉得他可能是把文化和文明搞混了，其实旧石器时代文化早就有的。后来，当地的政府官员说更想把这里建设成一个考古遗址公园。当时，他就说，这个地方建公园，也没什么人来，怎么能建公园？当然是自然的更重要啊！随行人员也说这里自然的东西更多，就让他有了这种印象。后来，他问在哪里能看到现场的情况和出土的东西。我们就说要到县城里去看，因为博物馆建在县城里。他随即就问这里距离博物馆有多远，听到开车需要40分钟的回答后，他说："40分钟？到这个地方来，我想看遗址看不成，到县城还得40分钟，为什么博物馆建在县城啊？"

当时，一行人员都是开车走，我和谢老师本来是在一辆小车上，打算先到县城里的博物馆去等他，然后就接到电话，说李长春同志希望我们两个专家到他的车上去，既然有40分钟，就应该抓紧一切时间进一步跟我们交流了解情况。虽然这40分钟的车程很短，但是他问了很多问题，我们除了解答他的问题之外，也讲了很多遗址的重要性，包括对人类的起源、迁徙、演化、适应、环境变化等很多方面，他对泥河湾的兴致也随之高了起来。他问我们目前的研究存在着哪些问题，我就跟他讲现在的研究情况缺乏系统性、连续性等等。他问问题出现在哪里，我说得不到国家的重视，而且没有项目经费的支持。听到这些，他马上就进入工作状态，说："这个问题要解决啊，应该由国家立项来做这个事情。这么重要、这么有意义的遗址，为什么国家不支持呢？"随即，他就跟中国社会科学院的院长说："陈院长，你们应该立项啊。"但陈院长说，社科院没钱，心有余而力不足，中国科学院有钱，应该由他们来做；李长春同志又问教育部的部长，对方回答说，他们科研系统跟我们不是一个体系……总归是没有人当下答应下来。后来，我跟他提议，以前国家有过类似的项目，是在科技部那边立的一个攀登计划，叫"中华文明探源工程"，而当时科技部正在执行这个项目，因为我知道那个项目主要是他主抓和推动建立的。他一听很高兴，当下就说应该由科技部来做这个事情。然后，他看看表，说："哟，4点钟了，过来得太晚了，这次出来没有把他们叫上。"实际上，他的心里已经有计划要怎么去做这个事情了。

到县城里去参观泥河湾博物馆的时候，他的兴致更高了，不像在小长梁台地上感觉到很失望。看到博物馆的陈列，尤其是马圈沟遗址现场的复原，他兴致勃勃地问："你说这个象被古人给杀了、吃了，有什么证据啊？"我就跟他讲，这个象不是一个自然死亡的状态，它的骨骼是凌乱的、错位的，而且又有部分是缺失的，有的肉被拿走了，所以是被人给改造过的。骨骼上面还有一些人类用工具切割的痕迹，甚至有的工具还放在骨头上。这就是一种证据、一个现场。他说："这是有道理的，那你们还有没有什么绝活能进一步告诉别人就是那么回事？"我说："我们还有其他的一些办法，比如说，工具切割的时间长了，会留下的一个痕迹，有这个痕迹，可以做微痕分析，能够分析出切到骨头、切到肉上是什么样子的。假如工具上粘连了当时的一些脂肪、血液和毛发，如果保存好的话，还可以把它们拿出来做一些分析和测试。"他说："你们还是有办法的，这个还是挺有说服力的。"如此一番交流，他就更高兴了，看完以后，便主动提出想要大家一起座谈一下。

在座谈会上，李长春同志发表了他的观点，他说中国至少是人类的起源地之一，而不应该仅仅是从非洲起源，他认为人类是分批次起源演化的，而且起源演化的程度不一样。我们黄种人进化得最早，可能更早地脱离了动物界，并指出了他这样认为是因为我们具有身上体毛少，身上的臭味小，牙齿变少了，屁股变平了，胃变小了等五个特征。实际上，这是一种带有哲学思想的思考，没有真正学术的证据来支持，但他毕竟在认真思考这些问题。他当时在现场做出了指示和要求，提出回去要让教育部、财政部和科技部立项，他当场叮嘱财政部副部长要设立专项，要求教育部采取措施加强考古人才培养，要求中国科学院牵头做科研项目，他回去跟科技部的人谈，来具体要求科技部立项支持。我跟谢老师就把这个过程记录了下来，后来，为了进一步推进此项工作，我与谢飞老师给李长春同志写了一封信，把他谈话内容中涉及的工作要点罗列出来，给他发过去，他就做了批示，表示将来要重视泥河湾的科学研究。他的批示分别给了教育部部长、科技部部长、中国科学院院长和财政部副部长，这样就可以几个部门来分别负责自己在泥河湾工作中的板块，真正地行动起来。

通过这样的一番争取,我们得到了科技部基础性工作专项"泥河湾盆地科学考察"项目,这是一个真正比较大的项目。在此之前,中国科学院立了一个500万元经费的项目——"泥河湾盆地考古调查与研究",由我主持,这也是为了国家的大项目创造的前期条件。河北省科技厅批准立项"东方人类探源工程——泥河湾人类起源、地质及环境背景研究",投入了500万元的经费(后来可能也投入了更多的资金支持),一方面是支持发掘研究工作,另一方面就是在河北师范大学建立泥河湾考古研究院,也开始引进人才、增加设备,从队伍建设、经费支持力度,包括一些相关的研究计划开始着手。从那时开始,泥河湾的工作就有了更高层次的飞跃。实际上,我们是在给自己压担子,因为立项工作一旦开始,就需要很多规划、论证的程序,要把泥河湾的意义、价值最大化地体现出来,要想清楚、写清楚怎么开展工作,遵循怎样的技术路线,需要哪些人员参与,还有在将来有什么样的预期成果,做成一个国家大项的建议书,最后变成科技部的基础性专项。

这样,泥河湾的考古和研究工作就开始有计划、有规划地逐步推进。同时,相关工作也进一步得到了国家文物系统的重视。对于遗址本身,开始编制保护规划,主要是河北方面根据国家文物系统的要求来做相关的工作,进行审批,最后以立法的形式,在法律层面对泥河湾遗址群进行保护管理和利用。现在,国家文物局又将其评定为国家考古遗址公园,可见其价值和意义的重要性。

惠及民众,全面发展

因为泥河湾的一些建设工作,使当地人有了参与工程的机会,给他们带来了新的收入方式,也使很多人改变了传统开荒种地的生存方式。

关于泥河湾地质方面的考察与管理也得到了重视,划分了一些地质遗址保护区。泥河湾各方面的工作在最近5年发展迅速，尤其是在地方的基础设施建设方面，包括道路、水电、绿化、研究中心等相关的环境和设施都有了一个新的面貌，将来还要再重新建一座博物馆。除此之外，还应该再扎扎实实地开展一些实质性的工作。泥河湾地区基建工作的完成，对地方起到了正面的效应和示范带动作用，让当地的老百姓知道我们的家乡曾经是古人类遗址，是老祖宗生活的地方，我们在这里生活，有责任和义务对我们的环境进行保护。在此之前，这里的道路建设、生产生活用水系统、电力系统都没有这么完善，另外，阳原县有一部分地区是深度贫困地区，没有其他产业发展，也没有新的经济增长点，因为泥河湾的一些建设工作，使当地人有了参与工程的机会，给他们带来了新的收入方式，也使很多人改变了传统开荒种地的生活方式，拥有了其他的经济收入。另外，环境整治、植树造林、美化绿化工作也一直在进行。虽然整体的大方向是好的，但在实施过程中也难免存在一些需要协调的问题。

现在已经发展出一些建设家乡、美化家乡的特定产业，比如，这个地方适宜种植杏树，就利用这样的条件做水果加工，还有花卉和花圃。因为周边的道路改善了，泥河湾遗址的知名度提高了，所以就会有商机出现，以后还会有更多新的经济增长点。再有就是植树造林也有很好的政策，比如提供免费的用水和树苗鼓励栽种，3年以后，根据成活率来计算绿化的报酬。收入增长和方式多样化使当地居民看到了希望，从整体来说带来了一种良性循环的发展。当地的老乡对我们的考古工作也有很高的热情，并且十分支持，觉得我们的工作跟他们不是没有关系，反而是跟他们的生产生活息息相关。一方面，我们在发掘研究老祖宗的东西，那是我们的文化、我们的根；另一方面，我们的工作可以带动地方经济的发展，比如这个地方来的人多了，可以发展一些绿色产业，发展旅游、餐饮等相关的服务业，这些都可以带来新的商机、新的经济增长点，进而改善当地居民的物质生活。

我觉得，泥河湾现阶段的发展是一个很好的案例，依托于考古和文物工作，并与当地的社会、经济、文化发展相结合，既发掘保护了我们古老的文化遗产，也能够对当地的社会群体、当代的社会环境产生影响，造福一方。

后期保护，更为严峻

从考古发掘本身想到对遗产的保护。这样，我们选择发掘的部位和发掘的面积才符合保护的理念，才有利于保护。

马圈沟的一些探方、剖面裸露和风化都比较严重，出露的化石越来越少了。这是大自然给予我们的很大挑战。泥河湾盆地都是旷野遗址，是露天的，不像洞穴类的遗址，拥有天然的遮风避雨自我保护的环境。在旷野，避免不了风吹、雨淋、日晒这些自然环境的不可控因素。总体来说，我们不可能把这么大的地方、那么多的遗址盖起来、罩起来，目前不论是从经济方面，还是从实施条件方面，我们还做不到全方位的保护。经过我们多年的观察发现，其实遗址面临的最大的破坏还是来自降水冲刷和风力侵蚀这类自然因素，因为地层都是粉细砂构成的物质。泥河湾所在地区总体上来说比较干旱，雨水较少，但是，一旦降水，就往往是暴雨。这样的情况就会导致剖面大面积地坍塌、开裂，水土就会不断地流失。如果我们不发掘，让遗址处于自然土的覆盖下，虽然说水土流失不可避免，但这是一个缓慢的过程；但是不去发掘，就不能发现人类化石、动物化石和文化遗存，无法进行研究，所以还是要发掘，但发掘后现场得不到很好的后期保护，风雨侵蚀、坍塌的情况就会更加严重，这是一个互相矛盾的过程。问题也不是无法解决，首先我们的发掘本身就带有抢救性质，尽可能发掘已被自然侵蚀、易于坍塌的沟谷陡坎部位，尽量小面积发掘，避免大范围破坏，发掘后及时保护起来，为地层剖面长期存续和后期参观、采样创造条件。

对于《中华人民共和国文物保护法》里的有些实施细则、保护方案还需要进一步细化，一些重要的遗址点，比如马圈沟、小长梁，甚至虎头梁、东谷坨等，确实应该进行保护、遮盖；但是，不能因为想要盖一个保护棚而打许多固定的柱子，这样又会导致新的开裂，所以我们所用到的材料、体量、规模都是需要严格筛选和控制的。通过我们的观察，把这些遗址遮盖起来后，因为没有日晒、雨雪对它的侵害，保持的时间就会延长，虽然这些自然的因素不能完全消失，但通过人为的手段也减轻了很多，是一个有效的方法。

另外，没有规划地建造房屋也会改变原始的自然景观，对当地的自然风貌造成很大的影响……这些都不符合我们保护泥河湾遗址的法规和理念。

我们必须从考古发掘伊始想到对遗产的保护。我们选择发掘的部位和发掘的面积须符合保护的理念，须是有利于保护的。不能对遗址做大面积挖掘，又没有任何的保护措施，这样是不负责任的表现。

公众考古，利弊皆有

公众对考古这个行业的关注度还是比较高的，需要正面的引导。大家应该通过公众考古来传递正能量，更多的是要普及知识，造福社会，树立一个正确的舆论导向。

公众考古现在很热门，我认为社会和绝大部分的考古人对此都是比较支持的，都觉得这是一件十分有意义的事情。也可以这样讲，我们所做的一切工作，我们的经费、我们的知识都来源于社会，来自政府，所以必须要回馈社会、贡献社会。这本身也是我们需要承担的一种社会责任。当然，确实有些人也担心公众考古带来的一些问题。

有担心也是无可厚非的，毕竟，考古这个行业太专业了，涉及的知识领域又很宽泛，如果吸纳更多的社会人士参与进来的话，可能会造成一定的破坏。比如，如果让考古爱好者、志愿者参与发掘，很有可能会因为知识储备不足、发掘技巧欠缺给遗址带来破坏。另外，还有一些人担心社会上有些人有不良的倾向，比如在文物收藏热和巨大利益的驱动下，盗掘、倒卖文物的现象很严重，那么宣传得越多，这些人可能得到的资讯就越多，甚至可以说他们是带有不正当的目的去参与、了解考古工作的，这样，我们就被动地为他人进行非法活动创造了条件。所以，我们不能因为有这些担心就不做这个事情，不能"倒洗澡水把孩子也倒掉"。如果要进行相关的活动，需要有一个很好的前期组织计划和协调方案，比如，考古发掘现场是一个很严肃、很科学的地方，应该由专业人员在里面进行发掘工作，在条件允许的情况下，也可以选择一些符合要求的志愿者参与到考古发掘工作中来，参与公共科普活动，进行近距离的参观，甚至进行有限度的发掘体验。当然，这是有一定前提条件的，就是对遗址不会造成破坏。由专业人员组织一定的培训还是很有必要的，对于非关键部位，或者处理非关键文物时，只要提前培训好、组织好相关的人员，这些问题都是可以尽可能避免的。至于说社会大众里面可能会混入居心叵测的文物盗掘者、走私者，我觉得就算我们不组织这些公众考古活动，他们也会想方设法得到信息，来干他们的勾当。我们不能因为有这种不良现象，有这些人存在的可能，就不去做相关的科普活动，毕竟，普通的大众才是我们科普的对象。

我觉得公众考古是以正压邪的活动，因为我们搞公众考古在某些方面也是被逼出来的。为什么呢？现在社会上有一些非常不健康的电视节目或网络节目，甚至是一些影视、文学作品，以及一些大型、小型的鉴宝活动，这里面有很多非常不值得提倡和一些应该被管控的内容。他们不是真正去了解文物背后的历史、艺术、信息和价值，而是抓住市场对价格、价值的关注点去进行创作，迎合观众的口味。

现在的收藏热并不是说大家的文化修养提高了，有很高的鉴赏能力了，而是被大部分人当作一种投资方式。我觉得最不应该的就是媒体的一些不规范引导，像某些电视台录制的鉴宝节目及相关的系列活动，从另一个角度去看其实是推波助澜，因为我也接到过这些节目的邀请，让我上节目，给丰厚的报酬之类。我们当中很多人都知道那是非常不健康的活动，而且节目会有一些事先安排，当然这也是为了收视率考虑。节目里所谓的一些"专家"，我觉得必须要打引号，真正好的专家是不会出现在这里的，都专注于各自领域的研究，根本无心在作秀上。通常，节目在邀请嘉宾的时候就会提前沟通好大家对器物的定价，让你上节目去走个流程，给个差不多的价位；但这个价格实际上是没有任何科学依据的，因为文物是无价之宝，它的价值不能单纯用金钱来衡量。通过这样的活动，就会人为地形成一个市场，推高价位，甚至会同一些企业，如与拍卖公司合作，把假的说成真的，新的说成旧的，给社会大众引导的方向就是市场、价值、价格、钱。这样就会导致很多人想"到哪儿去挖一点点东西呢"，就像流传的口头语："要想富，去挖墓，一夜变成万元户。"还有一些人回到家里会琢磨有没有什么老物件，找人鉴定一下，看看能不能发一笔财，异想天开地把一个杯子变成一座楼之类的。

有些影视作品也是这样，表演得极度夸张，充满了虚构与假象，跟考古是没有任何关系的，但是它又是以考古为背景，为了通过审核也好，借着考古的由头也罢，就会让人觉得考古好像就是挖墓的，这里面是完全不讲方法，没有科学性，是完全无视法律法规的。这样就会给观众感觉，好像只要是有一个洞，就会有一个墓，墓里就会有很多东西，谁都可以去挖。你看里面的各种争斗，盗掘者之间的争斗，还有人跟鬼之间的厮杀，好像跟文物完全没有关系，制造了一种视觉上的冲击，完全超越了法律法规的束缚。这些不良的社会倾向影响很大，所以考古界的人越来越意识到，我们必须通过公众考古的方式把正确的信息传递出去，引导正确的舆论导向，让大家得到真正科学的、正面的知识，并以此来冲淡、抵消那些乌烟瘴气的、不恰当的做法，造福社会。

泥河湾精神，从你我做起

珍爱文化遗产不是一个简单的口号，要从各方面来保护我们的遗产，保护各种资源，保护我们的生存权利。

谈起泥河湾精神，首先应当珍爱文化遗产。珍爱文化遗产不是一个简单的口号，需要大家在了解的基础上，知道这些文化遗产，包括遗址赋存的遗物和遗迹，知道这是古人们生产生活制作和使用留下的。另外，要说清楚古人同我们的相关性，他们应该是我们的祖先，我们是一步一步由他们演化过来的，这就是我们祖先的家园，是我们远祖的文化遗产，我们是这样传承下来的。

我们要告诉所有人，这些东西都是十分珍贵的，在世界上有很重要的地位；还有就是，它是不可再生的，地层埋藏的状况也是不可再生的，要是破坏了就没了。现在地球上的东西就这么少，中国就只有一个泥河湾，泥河湾就只有少量的部位还保留着在原生地层里埋藏的文化遗存，破坏一处就少一处，将来子孙后代要再想找的话都找不到了，所以所有人都应当知道它的重要性、珍贵性和不可再生性。

泥河湾和当地发展的相关性更应当让群众知道，这里是他们生存、发展的重要资源，政府能够有这么大的投入，学者们能够从很远的地方来发掘研究，国际学术界能对它关注，以及很多人来这里参观、旅游消费给当地创造商机，都是因为泥河湾遗址群有这些遗产、地层和资源。假如这些东西没了，就没有任何东西能够再吸引这些人过来，当地发展所依托的资源也就没了。保护遗址、保护遗产就是保护自己的生存权益、生存资源，这也是应该深入人心的理念。

而理念仅仅是一部分，实践更加重要，我们要投身到遗产、遗址的保护之中。不但自己不会因为生产生活对遗址造成破坏，也有责任去阻止别人对遗址有意或无意地进行破坏。有些现象，比如自然的开裂、塌方，一旦发现这种隐患,应当及时反馈给相关部门,让政府、学术机构、保护管理部门采取相应的措施将遗址保护起来。要是看到外面有人盗掘、挖宝,应当及时制止,要知道这是"自家的后院"。当然,政府有时也会有一些"急切"的短期行为,为了急迫地改善民众生活,修一条路,挖一个洞,虽然出发点是好的,但并不是对文化遗产很有规划、很负责任的行为。又或者有很多的旅游者来到泥河湾遗址,有人想在遗址区采集石器和动物化石,有人可能想在景色比较优美的地方开发房地产,这些都会对这个地方的遗产、环境、资源造成破坏。面对这些有可能对遗址产生损坏的行为,全社会都应该抵制,要从各方面来保护我们的遗产,保护各种资源,保护我们的生存权利。

未来发展,是属于世界的

泥河湾本身的价值值得被更多的人认识,我们应在全世界的范围内进行推广和宣传,让泥河湾成为一个品牌、一个机会。

我之前发表过一篇题为《世界遗产视角下的泥河湾遗址》的文章,想要把泥河湾带到一个更大视角下来进行讨论。虽然各级政府、学术界对泥河湾遗址都很重视,但还是缺乏更宏观的规划,缺乏更高层面的设计和提升。下一步需要做的就是让它成为世界文化遗产地。我们不能仅仅将世界文化遗产的头衔理解为一个名分,泥河湾之所以可以吸引更多的人来旅游,更多的人关注,得到更多的拨款,是因为它本身的价值值得被更多的人认识。我们应在全世界的范围内进行推广和宣传,让泥河湾成为一个品牌、一个机会。当泥河湾要成为世界文化遗产的时候,对相关的研究、管理、建设、保护,包括对博物馆各方面的工作都会提出更高的要求,需要有更高层次的全新规划。这个规划所涉及的管理、建设、保护都要受到联合国教科文组织相关法律法规的监督,联合国教科文组织的官员可能会经常巡视这些地方。这样,我们会得到一个更好的平台、一个明确的法律依据和一种更大的责任感，一些不利的短期行为、急功近利的浮躁行为将得到有效遏制。所以，我觉得，争取成为世界文化遗产是泥河湾未来向上发展的重要一步。

要做到这一点，需要多方共同努力，我也曾发表过文章，也在开会时发表了几次讲话。首先，政府要重视。政府要真正把泥河湾重视起来，明确这是下一步发展的一个方向、一个抓手。更主要的还是河北省的重视，因为世界文化遗产的申报首先必须由省政府提出来，省政府提到国家的层面，然后与国家文物局进行协调。在河北省，我想不到还有其他任何遗产的价值比泥河湾还要重要，能够排到泥河湾之前。其次，学术界要重视。学术上的研究成果对于申报世界文化遗产十分重要，学术界要进一步进行发掘、研究，进一步提升阐释它真正的遗产价值、学术价值，并把影响力扩大到世界范围。再次，相关的保护管理部门应当尽职尽责，履行好自己的职责，保护好、建设好泥河湾遗址。但建设也不是盲目的，要有可逆性，同时不会对遗址长远的保护造成负面影响，所有这些都是要被考虑的方面。最后，要申报世界文化遗产，就要不断地进行科普宣传与普及工作，让当地的百姓有参与感，让整个社会形成共识，联合国教科文组织选派的遗产专家会进行考察，甚至会走入当地老百姓家里去问他们，知道这个地方有什么吗？它的重要性是什么啊？政府有什么举措啊？当地民众的意识和热情都是非常重要的衡量标准。还有就是硬件建设、道路的可达性、科普场馆的建设，以及媒体的宣传，等等。为了泥河湾遗址的未来发展，这几个方面都必须共同努力。

谢飞：我与泥河湾同在

谢飞，河北省安新县人，旧石器考古学家，河北省泥河湾东方人类探源工程首席科学家。曾任河北省文物研究所所长，河北省文物局副局长，河北师范大学泥河湾考古研究院院长、博士生导师。现任河北省文史研究馆馆员，河北省文物研究所研究馆员。

先后编著《泥河湾旧石器文化》《泥河湾》《北宋临城王氏家族墓地》《雪浪石》等专著，发表论文、报告200余篇。

旧石器考古，从初学者开始

从不认识石器到认识石器，从不熟悉考古到奋斗终生，一切都是机缘。

1982年，我进入河北省文物研究所工作。当时，所里分配的第一项工作是考察长城，我不想去，只答应帮忙。因为我是地质学地层古生物专业的硕士，一心想从事与我的专业相近的旧石器考古工作，我是朝着泥河湾来的。

在文研所工作了一段时间之后，1983年秋，贾兰坡先生和卫奇先生要到张家口阳原县出差，主要是联系并解释泥河湾的考古发掘工作及以往出现的问题。于是，单位派我前往陪同，这是我第一次踏入泥河湾。贾兰坡先生走后，我就留了下来，参加卫奇先生主持的东谷坨遗址的发掘工作，这是我第一次参加考古发掘，第一次见到旧石器实物标本。1983年和1984年6月，我先后在泥河湾下沙嘴的正沟，独立进行考古发掘。这次发掘没有发现动物化石，也没有找到石制品。当时觉得有些遗憾："别人能找到石器，我为什么找不到呢？"那就换一下位置，再发掘一次试试，结果还是没有想要的石器和动物化石。但后来想想，找不到石器的原因很简单，因为这里的地层里面就没有石器，自然不会找到。

泥河湾的农民技工享誉全国

这个到南边调查，那个到北边调查，调查一段时间回来汇报，汇报完又出去，来来回回这么做。一年里面，有很长一段时间，我们都是在做这些工作。

1984年下半年到1985年上半年，王文全在下沙沟又发现了板井子遗址和油房遗址。他从1965年开始和王择义教授一起参与泥河湾的考古调查工作。到1972年盖培、卫奇来到泥河湾正式发掘虎头梁遗址时，王文全、王明堂、高文太仍然跟着一起参与搞调查、搞发掘。慢慢地，他们的野外调查技术就上去了。这些人就是泥河湾特有的农民技工。

泥河湾的农民技工，是在实践中培养锻炼出来的，已经成为河北省特有的一支旧石器考古力量。现在，他们基本上能季节性地参与省内外的旧石器考古调查工作，而且成就相当惊人，在国内许多省份，他们都发现了许多旧石器时代遗址，他们的贡献很大。我记得曾经建议泥河湾成胜泉所长把他们组织起来，成立一个旧石器考古调查发掘公司，承担全国各地的旧石器考古调查任务，使他们的工作和收益固定下来，使他们的生活有所保障，但是这个建议没有得到采纳。那时候，我在下沙沟村设置了工作站，拉网式地专项调查阳原县的旧石器时代遗址，四面八方地进行普查。当时聘请8名农民技工,分为两大组四小组。一组派到桑干河南边调查,一组调到桑干河北边调查,调查一段时间后回来汇报,汇报完再出去调查。通过反复调查,发现了很多重要的考古遗址。就这么来来回回地折腾,技工们的野外调查水平和经验都得到了锻炼,有了明显的提高。

《泥河湾研究大事记》中提到了很多技工,如王文全、高文太、王明堂、白瑞安、袁贵喜、张清富、陈贵喜、苗世盛、李国兴、曹义富等,后来还有白日有、胡忠、白世军、白惠元等很多人,但是他们现在还在干技工的不多了。王文全曾经是我们调查的主力,也是名副其实的调查能手。可惜他早年去世,对失去一个得力干将,我很痛心。因为他得病于郑州,主要为河北省文研所工作,我请求郑州考古所和河北文研所各捐3000元,我捐4000元,即1万元资助了他老伴,以表心意。我还写了半版纪念文章,在《中国文物报》发表,命名其为"农民旧石器考古专家"。

这些技工基本上都是成胜泉帮我选的,我相信他,他先到村里打听,选好了人,再进行培养和锻炼,然后在实践中考察,大部分就可以到工地工作了。挑选技工看起来容易,其实不好找。比如说曹义富,他那时候还是一名高中生,也就十几岁,年龄很小,有培养前途,但是没干多长时间就不干了,改行了,回家了。归根结底,技工不好找、留不住,与经济收入微薄,不能养家糊口有很大关系。

从事考古的农民技工,如果没有合同就不算正式工,收入方面就没有保障,单纯靠考古养家糊口挺困难的,吸引力不大,毕竟,家里都有责任要承担,考古工作的收入和生活不成正比,选择的人就很少。像高文太、白日有、白世军、白惠元等,就是因为喜欢考古、热爱考古,家里不坚决反对,生活基本维持,就是凑合干着。像他们这种情况还是少数,因此,基于经济情况和现实情况,考古技工从业者的经济压力亟待解决。

岑家湾遗址与旧石器考古拼合研究

岑家湾遗址开创了旧石器考古拼合研究的先河，拼合研究的成果使它成为世界旧石器时代早期拼合率最高的考古遗址。

1984年，我主持岑家湾遗址的第一次发掘。遗址是技工王文全发现的，在文化层中发现了一批石制品和少量动物化石。那年，我和成胜泉组织了8名技工，在下沙沟租了房子，进行长时期的旧石器考古专项调查。1984年夏天到1985年上半年，我们发现了一批旧石器。岑家湾遗址是新发现的考古遗存，文化遗物埋藏在泥河湾层中，时代比较早，我们就决定进行发掘。

这次发掘的面积不大，是使用"挖土豆"这种最粗陋的老式方法发掘的。因此，发掘的成果和预期差距很大。那时的发掘方法是，如果遗址出土的石制品和动物化石标本数量较多，大多数情况会扔掉一部分品相不太好的石器，从中拣选一部分较好标本带回即可。这样，对研究一个遗址的整体文化面貌就造成了极大的破坏，人为遗弃了非常重要的资料。好在岑家湾遗址发掘出土的标本较少，我们没有舍得扔掉一件科学标本，留下了所有的文化遗物。这样，为日后石器拼合研究提供科学的支撑。现在回想起来，如果当时把石器标本扔掉一些，岑家湾遗址的拼合研究要取得如此重大成就是不可能的，对该遗址的埋藏学和人类行为学的研究极为不利。

1988年，石金鸣作硕士学位论文，在板井子遗址进行了小规模发掘。这次发掘率先使用了水平发掘方法，即一平方米一格，五厘米一层，逐层发掘、测量、绘图，这是当时最新的发掘方法。对泥河湾而言，从发掘方法上，这是一个巨大的进步。

1992年，我和李珺在岑家湾遗址采用了中美联合考古队在飞梁遗址和东谷坨遗址使用的全新发掘方法，对岑家湾遗址进行了第二次发掘。同时，对出土的石器进行了细致的拼合研究。这一发掘，旨在实践检验新发掘方法的可行性，以便与传统的方法进行比较。

在岑家湾遗址，我们收集了所有的石器标本，为日后的拼合研究工作奠定了基础。以前，我们并不知道什么叫拼合研究，在中美合作发掘飞梁、东谷坨遗址的时候，美国学者来石家庄文研所看泥河湾的石器标本，我把所里岑家湾发掘的全部标本拿给他们看，他们看到石器标本后马上意识到进行拼合的可能性，并现场进行了实验。这样，我才开始摸索进行拼合研究，并把出土的石器带到东谷坨让大家一起拼，居然很意外地拼合成功了。其中，有一件石核，居然能拼合上七八件石片，看起来很美、很动人，更能完美地反映出百万年前古人类打片思维和打片技术。从那之后，只要在遗址区发现石制品，就必须进行拼合研究。因为，在岑家湾遗址，第一批资料是用"刨土豆"方法发掘的，所有标本都没有出土记录、坐标及平剖面图，即使拼合研究成果喜人，但科学意义较差。第二批资料是用水平方法发掘，第三次采用了世界最为流行、最新的方法发掘，每件标本都有科学记录和平剖面位置，拼合研究的成果就更加完美丰富了，大大拓展了遗址形成及人类行为的发现研究的领域。

拼合研究的意义不仅仅是研究古人类打片技术，还要研究古人类打片时的影响范围。根据某一拼合组的分析，便可清楚地知道打片时石器之间崩出的距离，水平距离有多远，垂直距离有多深，古人类在哪里打片，多少人在打片，对遗址有什么影响，等等，可以研究很多方面的东西。截至目前，岑家湾遗址的前期标本都拼好了，但还没来得及研究，主要是目前没有专门的人去研究这些重要成果。

从拼合研究上讲，目前泥河湾的拼合率是最高的。我曾经写过几篇关于岑家湾遗址石制品的拼合研究文章，比如说，每次发掘的标本单独进行拼合，拼合率不是很高。但是，将三次发掘的标本放在一起进行拼合时，拼合率就有明显提升，从单独拼合14%的拼合率，猛然提高到33%、34%。这就意味着我们发掘出来的所有石器标本，大概有三分之一的标本可以拼合，这个数据已经很可观了。目前,在世界范围内的超百万年的早期遗址中,还没有出现像岑家湾这样高的拼合率,因此,仅从拼合率而言,岑家湾遗址当为世界之最。现在,亟须有专门的工作人员对这批拼合石器进行整理,把相关的成果通过发掘报告发表出来,以展现我们的工作成果。

中美合作发掘研究

泥河湾中美合作考古实践,对年轻学者的成长是不可或缺的。中美泥河湾合作,使得中国学者认识世界,外国学者了解中国。

飞梁遗址没有什么特殊,和其他遗址一样,是在很特殊的情况下命名的。其实,飞梁遗址算是中美泥河湾合作发掘研究的开端,也算是国际合作的先例。无疑,这是改革开放以后中国考古界对世界开放的第一个项目。

1990年,王文全和白瑞安在东谷坨附近调查时发现了飞梁遗址,村子里的老百姓把我们发掘的这个土梁叫"二伯伯梁",因为东谷坨村有个人,人们都习惯叫他二伯伯,早年,是他耕种这里的土地,所以这里的地名就俗称"二伯伯梁"了。当时,中美联合考古队在这里发掘时,大家都觉得名字太长,又不够顺口,如果叫作"二伯伯梁遗址",名字又长又乱。有人提出建议,干脆叫"飞梁遗址"吧,谢飞的飞。然后,就定了这个名字。这是泥河湾第一次用含有发掘者的名字命名的考古遗址。到了现在,像梅惠杰、成胜泉,都有了以他们的姓名命名的相关遗址。实际上,我们发掘的遗址名字确实不太方便记录,往往一条沟有几个遗址,距离又很近,命名为"泉沟遗址""梅沟遗址"就又方便又好记。

飞梁遗址被发现以后,原本并没有计划进行发掘。1991年、1992年,为了引起外国学者对泥河湾的关注,开始筹划东谷坨遗址中美合作研究项目,讨论中美合作的具体事宜。为了促成合作,之前已经有美国专家多次来泥河湾考察。不过，中美合作的手续一直到1990年还没有通过审批，而美国学者已经到了中国，准备开启合作研究项目。怎么办？经和贾兰坡、卫奇商量，决定先行在飞梁遗址进行发掘工作。那时候，我在飞梁遗址申报了发掘申请，获得了国家文物局颁发的发掘执照。刚好，美国学者来到泥河湾后，便顺势开展了合作发掘工作，这是泥河湾中美合作发掘研究的第一站。

这期间，虽然不敢说是严格的合作项目，但可以当作合作前期的实验。当时，外国学者们来到中国要做工作，如果没有可以发掘的地点、没有可以实际操作的地方，他们会很失望，感觉像是无功而返。当时，我们的合作也有一定的风险，那个年代，人们的思想还没有这么开放，国内的考古发掘通常不允许国外专家参与，但那时我们正谈着东谷坨合作考古发掘项目，所以有这样一个机会，美国专家就直接参与了，也算是中美合作的成果吧。那次合作的考古发掘报告，我们也以中美联合考古队的名义发表了，把美国学者的名字都加入进来。

1991年、1992年，正式进行东谷坨遗址的考古发掘研究合作项目，由于各种原因，后期的考古发掘报告没有整理发表，很多资料处于未公开状态。尽管如此，各方对东谷坨遗址合作发掘项目都十分重视，虽然每年仅发掘了一两个月的时间，但参与工作的国内外学者共同搞研究，互相学习、交流的过程十分难得。特别是克拉克先生和贾兰坡先生，他们俩是世界上最知名的大家，在泥河湾一起做考古发掘，互相合作、互相了解。这段经历非常珍贵，之后也再没有人能超过他们。所以，加强泥河湾旧石器时代考古的国际交流很有必要，大家得互相了解，共同研究。

通过中美合作这一系列的发掘研究工作，使得参与中美合作的很多学者都有了很大的收获，取得了较大的成就。中美泥河湾考古实践，对他们的学术道路和成长过程产生了很大影响。为什么呢？原因有两个：一是泥河湾中美合作项目是改革开放以后国务院批准的第一个涉外考古项目，由李铁映副总理亲自审批，在那时候可是非常了不得的事；二是从旧石器时代考古方面来说，我们打开了开放、合作、交流的大门。通过泥河湾这一平台，在旧石器考古发掘研究上，让中国学者渴望了解世界以及国外学者渴望了解中国的愿望成为现实。在考古发掘研究的方法和学科思维方式上都有了交流沟通，得到了很好的效果。

中美合作的出发点，除学术交流外，双方都十分重视年轻人培养问题，这是百年大计。除卫奇、李超荣、成胜泉和我几个老同志外，大多是年轻人，如河北省的李珺、梅惠杰，科学院双古所的董祝安、高星、侯亚梅、员晓枫、龙凤骧、同号文、林中雨和云南的彭南林等。在泥河湾实践期间，大家的热情都很高，不管老少，大家都是第一次经历中外合作，第一次参加如此大规模的考古发掘，有中国的、外国的，有年长的、年轻的，所有人都在一起做研究，学术的氛围非常浓厚，不管是发掘方法，还是学科理论，都要进行讨论、交流。同时，还请国内的、国外的，不管是参加发掘的，还是外来参观的学者经常作学术报告，所以收获颇丰、启发很大。

当时，他们都是年轻的学生，可以比较有利地在泥河湾了解国外专家的情况，抓住机会出国深造。参加泥河湾工作的年轻人基本都选择了出国研究的道路，和外国学者建立了密切的联系。遗憾的是，像龙凤骧、员晓枫、董祝安、彭南林等走出国门，拿到文凭后，选择了自由职业且定居国外。

但是也有例外，双古所的高星，在美国深造，拿到博士学位后，毅然决然归国，从事旧石器考古发掘研究工作了。我比较赞成他们学成回国，只有在中国，在自己的土地上才能最大限度发挥作用。因此，每当我在国外见到他们，都毫不客气地说："快回来吧，在国外有什么意思，不能做专业工作，又赚不了多少钱。"高星参加中美合作发掘研究时是中国科学院古脊椎动物与古人类研究所的科研人员，硕士学历，之后就读于美国亚利桑那大学，获得博士学位回国，很快进入角色。由于眼界宽阔、工作扎实，很快成长为中国旧石器时代考古的带头人、旗手。因为对泥河湾的感情深厚，一直呕心沥血地为泥河湾出主意、想办法，并亲自率队在泥河湾进行发掘研究，泥河湾所取得的成就无不与他有关。

在大田洼台地北缘，存在一条大的断裂带，被称为油房断层。后来，有人叫作布朗断层。为什么叫布朗断层呢？中美合作期间，美方学者中有一位做第四纪研究的地质学家叫布朗，他的学术水平非常高，野外能力也特别强。布朗先生带着学生在油房附近调查，发现了古老的油房断层在进入新生代后，仍然有断裂活动，从而影响了泥河湾层的划分与对比。他们通过辛苦而严谨的分析研究，取得一系列成果。其实，在很久以前，中国的学者也曾经对断层进行过研究，但大都认为其为老断层，对第四纪泥河湾层没有产生多大影响，所以，泥河湾沉积物是超覆堆积上来。美国人来了以后，认为确实是老断层，但是有新的活动，新活动影响到泥河湾层的堆积物。这样，问题的性质就有了改变。

他们的研究结果证实，该断层在新构造运动中表现得较为强烈，致使地层南北两侧的泥河湾层受到干扰，北侧的上盘明显下降，南侧的下盘明显抬升，两侧的地层是不连续的。同时，他们也发现，地层活动是不均衡的，地层的西部断距小，往东的断距越来越大。于是，他们就测量了小长梁、东谷坨和马圈沟遗址的断距，得到了一批科学数据。如此，我们也就知道了这些遗址间地层层位的差距，排列出相关遗址地层之间相差的数据和早晚关系。布朗的这个发现相较中国学者的优势是，发现老断层的新活动影响到泥河湾层，基本解决了这一范围内遗址间的早晚关系，冲破了固有的研究界限。这也是中美合作取得的重大成果之一。

泥河湾细石器文化在探讨中国北方旱作农业起源研究的科学意义

阳原有潜力，不管是人才，还是技术，都是很重要的因素。只有单纯的学术知识不行，只有考古专家也不行。

1986年，我在岑家湾发掘，当年还发掘了油房遗址，并编写出我的第一篇旧石器考古发掘报告。后来，我又发掘了籍箕滩、马鞍山遗址，还和北京大学合作发掘了于家沟、马鞍山等细石器文化遗址。我对华北地区细石器文化研究的兴趣越来越浓厚。

后来，我发表了关于河北旧石器时代晚期新石器遗存的分布及在华北马蹄形分布带位置的文章，围绕着环渤海地区新石器时代晚期遗存类型、分布特征在理论方面进行了深入探索。

当时的大背景是，大家都在讨论环渤海考古，各地区也都很重视。从我个人的专业角度出发，觉得旧石器时代晚期的材料最为重要。但是，如果从晚期入手的话，那就是细石器了。我其实对细石器也比较感兴趣，但那时候身不由己，感兴趣是一方面，真正投入工作又是另一方面。细石器较容易与农业、畜牧业的出现产生一定的联系，所以由于种种原因，为了配合环渤海的研究，搜集了一些相关资料，写了几篇文章，其中涉及农业的问题，包括农业起源、畜牧业，以及跟新石器衔接的问题。

在当时的研究环境下，从我的角度看，太行山东麓地区就有重大的科学问题需要探讨。比如，邯郸磁山文化遗址中，就没有发现细石器。而不远的河南裴李岗文化中，就有细石器文化因素，无疑两者之间有一个界限。而往北到达徐水南庄头，也有没有发现细石器。再往北到太行山东麓的尽头，譬如东胡林遗址，细石器文化却很发达。所以，在旧石器时代晚期之末，太行山东麓是相对封闭的区域，石器工业仍为小的石片石器，没有细石器工业参与其中。也就是说，在这里没有受到细石器工艺技术的影响。但是，相对于农业的出现和繁荣，这里还是比较快的。这是为什么呢？

按道理讲，细石器工业出现之后，社会的生产力高度发达，人口增长速度很快，迫使人们向外迁徙、扩散。这样，细石器文化很快就形成了环渤海的马蹄形分布带，涉及山西、河北、北京、河南和苏北鲁南地区。在这个分布带里，理所当然地成为农业起源最重要的地区。

我当时有一个不太成熟的想法，就北方的旱作农业而言，黍子、谷子这类作物十分适宜在泥河湾一带生长，至今不少地方还在种植这些庄稼，平常生活中当地老百姓还离不开它们。结合现实条件考虑，在泥河湾一带解决农业起源的问题，有一定的现实意义和可行性，但因为我的知识结构和相关的专业学术底蕴较为薄弱，没办法将这种考量进行下去。我想，首先得从地面调查野生谷子开始，根据历史上谷子的出现和种植，搞清楚整个种植的脉络和过程，再结合考古材料分析，或许能找到北方旱作农业起源与发展的脉络。

野谷子就像现在看到的狗尾草，因为泥河湾从海拔高度到水资源状况，整体比较干旱，都是旱地，也是旱作农业起源最好的地方。而太行山东麓从徐水南庄头到磁山一带，在地理和气候上都不如这里的条件好。在磁山遗址，发现大批谷物，大堆大堆地贮存在窖穴中，学术界围绕磁山文化农业起源问题，展开了广泛的讨论，也有不少成果，但是并没有解决这里农业起源的问题。我想，泥河湾一带在探索农业起源上，是很有潜力的，但是，研究现代野生谷类，咱们一是不会做，二是没人去做，不管是人才还是技术，都是很重要的因素，野外调查也得懂农业知识。当年，河北有一个研究谷子的专家，也取得了很多成果，他去世后，还葬于磁山遗址附近。但是，野生谷类与考古发现的谷子、黍子资料，还是没有接好轨。即便现在旱作农业材料多了，时限也提前了，野生谷子驯化资料还是不够，如果以上两者结合得好，北方旱作农业起源问题会得到更加清晰的阐释。

籍箕滩、马鞍山和黑土坡遗址

籍箕滩、马鞍山和黑土坡，古老的遗址藏着岁月的秘密。

1986年，高文太发现了籍箕滩遗址。在技工里面，高文太和王明堂善于调查阶地堆积内的旧石器，善于调查晚期的遗址，寻找早期遗址的能力可能差一点儿。这套方法主要针对虎头梁区域，离开这套方法，就不太灵光了。其实，籍箕滩遗址群跟桑干河北岸的虎头梁一样，属于同一个时期，文化层稍微有些差异，但时代基本相同，只是中间隔着河，来往相对比较密切。现在，我还有一些印象，总感觉这个遗址应该有聚落、村子存在。1987—1989年，我们对籍箕滩遗址进行了三次发掘，因为文化遗物丰富，文化层较多，为了摸清遗址的概况，多挖点儿比较利于后期的全面研究、分析遗址的情况，所以多挖了几个探方。有的侧重于下部，有的侧重于中部，有的侧重于上部。最后从上到下统一考虑，材料十分丰富，涉及的问题也很多。

当年，马鞍山遗址挖到一个灶坑、土筑，里面灰烬很多，应该是一个典型的灶。既然叫灶，就应该有屋子，在屋里才能叫灶。那么，在野外露天遗址里，发现了灶，就不得不认真考虑。不知道今年发掘工作最后做得怎么样，具体是什么结构，但无疑是属灶的建筑物。在这里，不是单纯摆几块石头，而是挖个平面椭圆，断面锅底形的坑，四周抹了草拌泥，然后烧火使用。经过解剖测年，得到的数据大概是距今1.4万至1.3万年。当时，我告诉他们，挖的时候要注意看附近有没有柱子、柱洞，有没有可能是房子的遗迹。要是真能确认有房子的话，那这个发现就变得格外重要。其实，那个地方应该有房子，那里的环境一直都很稳定，人们一直都在那一带生活。而且，马鞍山向阳、背风、面水，条件十分适宜居住和繁衍。大片遗迹遍布，有时候，你都下不去脚，走到一个地方，就是一个遗址。马鞍山也有像于家沟遗址的东西，但是年代上稍微再晚一点儿，尽管出土的东西差不多，但环境有很大区别。

头马坊黑土坡遗址与河北境内新石器时代早期遗存不好区分。黑土坡的时间界定在距今七八千年。在头马坊遗址保存的面积非常小，不像磁山文化能大面积发掘。现在，遗址旁边是村民家的墓地，通常不让挖，但为了把整个文化面貌说清楚，在那里做了小范围的发掘。另外，即使挖的话，还有变压器的问题，所以就简单地挖了一下，知道是哪个时间段、哪个年代即可。再者，出土的细石器非常多、非常典型，还发现了一些陶片，但大部分都是零零碎碎的，不知道是什么器形，根据已知的陶残片，推测可能是类似筒形器的东西。因为没有确切的证据，其他的问题暂时不是很清楚。毕竟其所处的年代时段非常重要。

泥河湾博物馆建设始末

博物馆展陈的科学性不能变，专业性不能变，学术性也还是要坚持的，但我们还需要其他的手段让老百姓更能看懂。

1987年，我和文研所所长张志、张家口地区文化局局长刘富，相约泥河湾，专门商量在泥河湾建立河北省文物研究所泥河湾工作站或泥河湾博物馆事宜。我想，像泥河湾这么重要的地方，应该建立个博物馆，河北省文研所也应该有个工作站，一是为了方便工作，二是为了保护遗址、宣传泥河湾。

我们虽然尽力运作，但没能成功。不成功的原因在哪里？当时，人们对考古不重视、不理解。从河北的角度出发，我1982年入职，虽然1984年当了副所长，但对旧石器的研究还不太深入。到了1985年、1986年，我开始规划能不能在阳原建立工作站和博物馆。关于这些想法，我写了点儿东西，做了前期的准备工作。那时候，在化稍营买了10亩地，盖了5间房子，圈了个大院儿，一共花了两三万块钱，所里总算有个工作基地了。

但是，所里经济比较紧张，没有财政上的支撑，经营起来就变得越来越困难。为了建馆，阳原县也很积极，找贾兰坡、吴新智等老先生，还有许多旧石器考古专家学者签字、写呼吁书，这些是县文保所所长成胜泉具体做的，而且还不止一次，但结果没有什么进展。

一直到2001年马圈沟遗址再次发掘，取得重大科学发现，并得到省领导大力支持后，泥河湾博物馆的建设开始真正提上工作日程。虽然过程比较曲折，但好在最后的结果是让人开心的。

我对现在博物馆的设计和布局比较满意。从开始到现在，我都亲自兼顾着整个流程，但其实里面的问题还很多，可以完善的地方也很多。前提是政府重视。没有政府关注，谁能到泥河湾来？到博物馆来？所以，首先需要政府重视、政策倾斜。建立博物馆的时候规划建设四五千平方米的中型博物馆，定性为专题博物馆，学术性非常强。最后确定的造型是大家集思广益的结果，落成以后效果还不错。里面内容有什么问题呢？主要是观众的问题。现在的陈列如何才能让小学生看懂，如何让农民看懂，还需要用其他方式给予辅助，让前来参观的观众更好理解。基本的陈列、基本的内容不能改动，展陈的科学性、专业性不能变，要是最后陈列出来类似游乐场所的展示，就有违建立博物馆初衷。学术性要坚持，但还需要其他手段让老百姓能看懂，两者兼顾是很难的事。

我曾经用"三川"的笔名写过一篇《泥河湾史话》，提出建立泥河湾专题博物馆的问题。那时候，对博物馆有了前期的预想，觉得泥河湾应该有博物馆，应该有陈列室，有人来参观，知道这里是怎么回事，所以，一直在想着建设泥河湾博物馆的事情。现在，配合泥河湾国家考古遗址公园的建设，还要建设泥河湾遗址博物馆，这是天大的好事。

贾兰坡先生对泥河湾的贡献

贾兰坡先生的人生具有从奴隶到将军的传奇色彩，他对泥河湾做出的贡献是很伟大的。

贾兰坡和裴文中都是河北唐山人，那时，我经常到贾老家里去，他既是老乡，又是前辈，我第一次到泥河湾就是陪同贾老去的，我和他在很多场合都会有些接触。裴老身体不太好，逝世得早，所以我没有和裴老有过交往。

贾老在泥河湾做的工作较多，又是开拓者。所以跟他在泥河湾有些接触，在他老家也有些接触，开会经常遇见，接触就更多了。贾老是很了不起的人，对中国旧石器时代考古做出了很伟大的贡献。

我给贾老写过纪念文章，说他的一生具有从奴隶到将军的传奇色彩。他中学毕业，通过多年勤奋耕读、努力工作，最终成为美国科学院院士、中国科学院院士、第三世界科学院院士，都是很了不起的荣誉。在发掘他老家玉田孟家泉遗址的时候，得知他姑姑家在孟家泉，几岁的时候，贾老经常去串亲。后来，我们在孟家泉发掘，请他去了一趟。他对那里很有感情，还告诉我们，这里是他小的时候经常洗澡的地方，孟家泉的这里叫黑泉，那里叫粘泉，小时候的事情，他都记得。

贾老给我写过三封信，第一封是1984年，催促卫奇和我编纂《泥河湾研究论文选编》一事；第二封是为中美合作考古发掘的事；第三封是推荐我评研究员的事情。这些信件，我都一直珍藏着。

石金鸣上学期间，来到泥河湾发掘板井子遗址，从那之后，我们就熟悉了。贾老是他的老师，在单位见，在家里也见，老乡们对贾老都挺热情。

1991年和1992年，中美考古队在东谷坨遗址进行合作发掘研究工作，贾老是中方负责人，在他的领导下，较好地完成了中美合作项目。总体来说，贾老对泥河湾非常关心、非常支持，也是他把泥河湾定为"中国古人类最早的脚踏地"，他对泥河湾的贡献很大。

公众考古

公众考古其实就是让考古走出考古殿堂，走出象牙塔。考古学总认为自己了不得，好像阳春白雪，束之高阁，实际上，不是那么回事，应该是把我们看见的东西交给老百姓，交给社会。

泥河湾考古从20世纪20年代一直到现在，也有近100年了，考古发掘研究的成就还是蛮多的。但是，并没有把所有的成果都推广出去，很多考古成就亟待向公众进行宣传、科普。泥河湾的成果想找一些比较有代表性、有特点的推广出去，但是现在虽然很想做科普的内容，却很难做。最近，我组织了一些人，想从科普的角度介绍泥河湾，但是并没有取得很好的效果。大部分专家写不出给公众看的东西，只有少数专家能用白话、用通俗的语言把泥河湾介绍给一般的老百姓，但效果不是很好。大部分专家做不到把自己的成果转换成普通公众能够看懂的内容，所以稿子收上来以后不太满意，不是写得不好，只是不太符合科普的要求，至少我看着不好。所以，这个事又停下了。科普文章难写，就很发愁，考古人员写考古报告比较顺手，那一套像八股文似的，有自己的顺序和版式，但是用到科普上，有些不敢写，有些不会写，情况还是挺麻烦的。

实际上，从以前到现在，从北京到河北，大家都在推广泥河湾，但推到什么程度是一回事，公众接受到何种程度又是另一回事，推广的方式和形式是要考量的问题。

旧石器的精美程度不如历史时期的出土文物，受众群体的文化层次也有很大差异。泥河湾的公众考古也是那样，要真正让老百姓理解还早着呢，以前是关心，现在是好奇心，而不是通过学习、了解提升自己的文化品位、文化素质，大家都抱着看热闹的心态考量泥河湾到底是怎么样的。目前的社会大环境基本是这个状态，要想改变这种格局，非常难。针对这种情况，不是通过几次参观和讲解就能达到预期的效果，只有社会经济发展到一定水平，群体文化达到一定水准之后，公众考古才能顺利发展下去。虽然是公众考古，但是观众不会面向所有人，还是需要有一定的文化水平、一定的文化素养，抓手的切入点很难找。要明确面对什么人，是百姓、公众，但也得有一定文化品位之后才能欣赏。我们展示重大发现，他们的关注点可能在另一方面。

  2013年、2015年，泥河湾举办了两次公众考古活动。不管做什么工作，尤其是考古工作，要知道出于什么考虑这些问题，考古就一个目的——为人民服务。公众考古也是最近这些年的事，以前不大提这个概念。公众考古就是让考古走出考古学，走出象牙塔。考古学认为自己了不得，像阳春白雪，束之高阁，实际上不是那样，应该是我们把见着的东西交给老百姓，交给社会。这十来年，大家重视这些，才开始懂得什么是公众考古。在日本、美国，要花钱搞考古，不管在哪里，都需要向老百姓说明要做什么，达到什么目的，要通过什么途径和方法来做这些事，因为用的是纳税人的钱，有责任定期给他们讲解。我们没有这样的社会环境，基本上是到了遗址就进行发掘，发掘完就离开，写篇考古文章，出完报告，就结束了。这十多年来，开始推广公众考古，使考古回到它原来应该做的地方去，因为考古学家、学者所见的东西、所做的工作、所面临的对象，都是前人留给后人的财富。

  其次，遗址应该受到尊重，要让它有尊严。泥河湾遗址具有重要的价值，但周围的环境脏乱差，破破烂烂，无人问津。我们祖先留下来的如此珍贵的历史文化遗产不被人珍惜是让人很痛心的事。不了解的人从表面上认识不到遗址有尊严。我们要让现在的老百姓知道，这些东西是祖先创造的，要让遗址有尊严。泥河湾是属于世界的文化遗产，是先人的财富，我们每个人甚至我们的后辈都有保护它的义务。

  同时，要认识它的重要性。考古学家要认识到，公众也应该认识到，理解对应着保护，只有知道了、了解了，才能自发地保护泥河湾。如果认识不到泥河湾的重要性，怎么谈保护？一圈套着一圈，是一个循环的过程。所以回过头，我们举办了几次公众考古活动，虽然不算十分成功，但在宣传效益上收获颇丰。

  另外，我们现在做的探源工程就在为泥河湾做推广。省里希望通过一些举措推广到全国，吸引科学家们的目光，由中国科学院牵头，邀请高校、相关单位参与进来，大伙一起做，但是推广还需要循序渐进。从学术范围内要推广泥河湾，从省级到国家级层层推进。公众接受旧石器，接受泥河湾，需要有个过程，目前还没达到能理解的文化水平，大众的文化素质相对欠缺，没有引起广泛的关注。虽然推广的道路很艰难，但我们既然选择了做考古，再艰难也得推广，循序渐进地推广，前途是光明的，道路是曲折的。如果研究泥河湾的所有学者都诚心诚意抱着研究、了解、学习的心态，也许会呈现比现在更好的结果。包括我们在内也没有纯粹的研究，这是社会现状问题。所以，如果出于兴趣的角度考虑，建议针对某一方面进行研究，既能给自己一个交代，在学习研究的过程也能学到很多东西。

中国考古文献的特点通常是根据历史时期进行分段，早年的考古报告、调查报告，有一部分写得比现在严谨和清晰，解释清楚来龙去脉，做了哪些工作，时间节点，等等。现在的流程直接描述遗址位置，发掘状况，整体看来很枯燥无味，也看不出其具体情况。考古比较专业一点儿，在学术圈里，看看图，结论就差不多了。因为现在的研究成果还是挺多的，到处都是，顾不过来。所以公众考古这也是个题材，专家看不到，群众要看考古报告又看不懂。现在也有一些书已经出版了，但还是不太多。《叩开远古时代的大门》有介绍工作者模拟猿人宰羊做实验，也就是实验考古。现场制作石器，用石器宰羊，这些都属于实验考古范围，当然公众也参与，我们想向大众直观展现古人类如何打制石器、如何餐食等。《情系泥河湾》有两本，一本是郭洪岐所写，一本是河北科学技术出版社出版。河北科学技术出版社的版本使用当年卫奇和盖培的图片进行宣传，以及搞调查的场景，去集市上摆小摊的情况，找龙骨、找石器等反映旧石器考古情况的照片，然后再进行宣传、普及。《化石》上有卫奇和刘东生院士写的关于泥河湾要走向大众观点的文章，也是在进行宣传。

昨天，有位观众知道我们这里举办讲座，就专门带他女儿来看泥河湾，特别跑到西白马营遗址，找成胜泉所长看工地。我们要把泥河湾推到人们眼前，让人们知道泥河湾的内容后，因为泥河湾而感到自豪。这是一种文化凝聚力的体现。现在,泥河湾遗址的知名度在大众群体中还不高,我建议阳原县做好泥河湾的宣传,毕竟,这也是对阳原县的宣传。现阶段,就算是当地的民众,也没有几个人知道泥河湾,不管大人,还是小孩儿,对于泥河湾的印象和概念大都是模糊的。

早些年,在东谷坨开展中美合作的时候,我们组织中小学生去参观,但是没有连续做下去,不成系统。工地考古非常重要,但公众考古也很必要。我当时跟海龙他们说,现在泥河湾应该出一个专集,或者是河北出一个旧石器公众考古专辑,相关的材料很多。出来一本东西给大家服务,按说这个应该是非常好进行的,专家们也都会乐于支持,但现在大伙儿忙得很,没人有足够的时间做这些事,这是很可悲的。

泥河湾的未来

泥河湾未来的发展方向、发展前途关系到每一个人。

泥河湾的未来主要取决于三个方面。

其一是科学研究。从2013年到现在,我们一直在做"东方人类探源工程",未来也要把工程做好。现在第一期已经结项了,正在筹备第二期。争取明年请中国科学院古脊椎动物与古人类研究所专家牵头,把省级的科研课题升级到国家层面的科研课题。目前,科技部已经同意立项。

其二是泥河湾研究中心建设。现在,泥河湾研究中心已经建成了,它是为泥河湾旧石器考古调查、发掘、研究、整理、教学、展示服务的。有了这个基地,国内外研究人员来到泥河湾,有吃、有住、有行,公众也可以进来参观。对于泥河湾,科学保障工作也很重要。今年,泥河湾遗址博物馆已经立项,选址挨着泥河湾研究中心,也为科研服务,也为公众服务。

其三是泥河湾国家考古遗址公园建设。现在,国家文物局已经批准了建设泥河湾国家考古遗址公园。遗址公园建成以后，和泥河湾研究中心、泥河湾遗址博物馆及旅游设施，就为泥河湾旅游开放奠定了基础，真正成为拉动当地经济、文化发展的引擎。

当这些硬件和软件有了突破、进展之后，泥河湾申报世界文化遗产就成了未来工作的目标和方向。

泥河湾遗址对我来说很重要。从1983年开始，我一直都在泥河湾，时间很长。年轻的时候，可能在泥河湾工作的时间相对长一点儿，后来有了职务就相对少点儿，但从没离开过，每年都得到泥河湾做点儿工作，不管多少都要做，有的时候很多，有的时候很少，要看整体的工作情况，如果去得少，总觉得缺点儿什么。我的工作经历基本上见证了泥河湾的发展。不管我现在在哪里，都会一直都关注泥河湾，以后的时间，我也愿意与泥河湾同在。

孙莉：永远在泥河湾保护第一线

孙莉，河北省阳原县人，张家口市政协副主席、民进市委主席，曾任河北泥河湾遗址群保护区管理委员会常务副主任，主管泥河湾遗址群的保护利用。

结　缘

和泥河湾结缘是机缘巧合的事情。第一次认识泥河湾是在1997年的夏天，我记得当时假期带着孩子参观中国历史博物馆（今中国国家博物馆），孩子兴趣非常浓厚，当时展馆陈列的一组石器引起了我和孩子的极大兴趣，因为石器出土工地写着阳原小长梁遗址，那可是我们的家乡啊。虽然之前听说过泥河湾，但是近距离了解泥河湾还是从这次历史博物馆之行开始。之后的日子，我越来越留意泥河湾，泥河湾也渐渐走进了我的生活。

2007年我任阳原县政府副县长，分管文化旅游工作，从那时起，泥河湾管理工作便成为日常，对于泥河湾遗址群这样一处旧石器时代考古科研圣地，我的管理主要有以下几个方面。一是对于遗址遗迹的保护方面投入了比较多的关注，然后在保护的基础上适度合理地进行利用。为此，我们编制了《泥河湾遗址群保护利用规划纲要》和几处重要遗址点的保护方案，为遗址保护工作提供科学的依据。二是持续推进科研考古工作。通过持续的考古研究，能够更加全面地掌握遗址的文化内涵，明确泥河湾遗址群文物保护的重点，逐步揭示泥河湾的价值与保护要义，促进泥河湾文化价值与社会生活的融合。三是实施遗址保护工程并对周边环境进行综合提升。我们先后完成了侯家窑、虎头梁等遗址点的防洪坝、引流渠和边坡建设。推进马圈沟、石沟等遗址点的保护工程项目，同时，积极协调提升遗址点周边的道路、绿化和供水用电等情况。最后，要想让泥河湾真正发挥她的价值，还是需要让更多公众去深入地了解和认识泥河湾。我们通过举办两年一届的泥河湾公众考古周、积极参加遗址公园联盟会议等形式架设互学互鉴的桥梁，与不同地区、不同年代的遗址遗迹保护部门深入开展多层次、多领域的合作交流，让泥河湾的文化和历史有更多的机会面向大众。

回顾这些年在泥河湾所做的工作，可以用两个词来形容。

一个词是"坚守"。不论是对于一个人，还是对于泥河湾工作来说，坚守都是至关重要的。泥河湾从无人知晓到被镌刻在北京中华世纪坛青铜甬道的第一阶，再到现在越来越多的人开始从泥河湾找到民族文化的自信，我觉得这很大程度上体现着坚守的力量，体现着传承的力量。她是一代代科学家的坚守，是一代代管理者的坚守，更是一代代考古农民工的坚守。

另一个词是"热爱"。从事泥河湾事业到现在，就我个人而言，已经不单单是一种责任，一种对于神秘的原始文明的探求，更多的是我注入了自己的一种情感，看着泥河湾一步一步慢慢变好，变得有更多人知晓，就像看着自己的孩子逐步成长起来，成人成才的那种感觉。

政府、公众和泥河湾考古的关系

我把泥河湾保护利用这件事情归结为三个词——"政府主导""考古先行""公众参与"，它们体现着政府、公众和考古之间的关系。要坚持政府主导和公众参与相结合，科学编制保护利用规划，合理配置资源，妥善处理城市发展建设和遗址保护的关系，必须要求政府起主导作用，才能为整体的保护和创新利用提供重要保证，有效突破建设过程中的资金瓶颈。而文物保护在操作层面必须做到考古先行，多学科参与，多层次协助，以点带面实施考古科研工作，彰显泥河湾的史前文化特色。根据考古工作进度，逐步推进展示，融入旅游元素，跳出传统理念，克服史前土遗址的视觉缺陷，挖掘土遗址背后的历史文化价值，这是考古先行的重要意义。公众参与实际是让考古成果惠及公众，甚至说惠及人类，从而产生"以古人之规矩，开自己之生面"的效果，实现中华文化的创造性转化和创新性发展。

影响较大的事

我们这个地方虽然比较小，但是河北省政府的重视程度很高。2012年12月，河北省政府常务会议确立了"东方人类探源工程"八项重点工程，为泥河湾未来十年发展绘就宏伟蓝图。响应国家的政策，阳原现在变得越来越好了。国内外许多专家学者都前来参观或进行研究，印象比较深刻的是，2017年，美国印第安纳大学旧石器考古专家尼克（Nick Toth）、凯瑟（Kathy Schick）夫妇到泥河湾考察并参加座谈，尼克创作歌曲《尽在泥河湾》并亲自弹唱，感人至深。虽然我的工作内容不只有泥河湾，但泥河湾在我的职业生涯中意义重大。2012年，我们开始编制泥河湾遗址研究中心和泥河湾遗址公园的设计方案，我们请的是清华国衡设计团队。其中，泥河湾研究中心定位为功能齐全、设施完善的省级科学研究中心，集科学研究、教学培训、学术交流、陈列展示、科学实验、信息宣传、文物保护等功能于一体，通过不断地充实和发展，使其成为研究、实习、旅游、展示的重要场所，成为具有世界影响力的、国际化、生态化的考古研究基地。在泥河湾遗址群就地建立泥河湾研究中心是泥河湾遗址进一步考古发掘的需求，也是考古人员办公的需求，能够极大地便利泥河湾遗址的发掘研究和保护工作，推进泥河湾旧石器时代考古发掘和科学研究，探索人类起源，同时促进当地经济和社会发展。泥河湾南广场是整个景区的主要入口，是眺望整个泥河湾的最佳观景点，从这里可以看到小长梁遗址、泥河湾古湖和谷底游线，是考古遗址公园最重要的公众展示和活动空间。除了为整个景区提供管理和服务空间，这一节点也是一个有纪念意义的广场，能够举办大型活动等，彰显泥河湾的文化价值。目前，研究中心和遗址公园均在建设当中，我期待它们早日挂牌，早日运行。

针对泥河湾的现状，对泥河湾的保护是首要工作，经济问题和环境问题都是现下面临的问题。不论是在地质、旧石器，还是古人类、古生物等研究领域，泥河湾都具有独一无二价值。不论是对于中华文明溯源，还是探寻人类祖先的演化过程，泥河湾都是世界学术界向往的研究圣地。她是不同区域远古人类融合与交流碰撞过程的交汇地点，也是人类适应不同气候与环境生存演化发展规律的经典地区。

习近平总书记说过："让收藏在博物馆里的文物、陈列在广阔大地上的遗产、书写在古籍里的文字都活起来。"在合理保护的前提下，如何让文物活起来是我们当前面临的重要课题，需要通过不断地尝试和探索，找到一种既能够保护我们珍贵的史前文化遗存，又能够促进我们经济社会发展的模式，更好地服务于保护泥河湾遗址群的初衷。

于是，我们建立了泥河湾国家考古遗址公园，这是对于保护模式的一种全新的尝试，让研究与游学相结合，让更多的人知晓和了解泥河湾，到泥河湾来亲身体验，以此来带动区域发展，我觉得这是泥河湾未来发展的方向。

大家现在都在宣传泥河湾精神，提高人们的保护意识。泥河湾传播给公众的精神内核包括文物承载灿烂文明，传承历史文化，更重要的是维系民族精神。泥河湾作为远古的馈赠，我觉得其中体现着人类在进化过程中"自强不息、创新拼搏、战胜困难、持续进步"的精神。我们知道，在远古时代，人类和自然之间实力相差悬殊，人类在恶劣环境（自然灾害和野兽袭击等）

中生存下来成为一件极其艰难的事情。根据考古学家的发掘发现，我们看到了进化过程中史前人类表现出的智慧，以及他们顽强生活下去的意志。他们用石块打造出石器，让自己的生存资源更加丰富，用骨头、石头做出精美的饰品，丰富他们的日常生活，这些无不体现着一种创新和创造的精神。在当代，这种精神也是十分值得大众传承与弘扬的。

对泥河湾的未来预期

把泥河湾的文化放在历史的长河中，我们做的工作会显得很渺小，但泥河湾的价值绝对是无与伦比的。不论是在学术研究的各个领域，还是说在传承历史文化、维系民族精神上，泥河湾的明天都将是熠熠生辉的。首先，国家层面对于文物保护与研究的重视，又一次为泥河湾早期人类起源研究提供了获取重大突破的机遇；其次，越来越多的青少年对远古人类的文化、对考古产生浓厚的兴趣，将极大地促进泥河湾文化的传播。同时，我们以泥河湾文化为龙头的全域旅游蓬勃发展，百姓从中获得的幸福感越来越多。

成胜泉：我是泥河湾人，我与泥河湾同在

成胜泉，河北省阳原县人，从事旧石器时代考古43年。曾任河北省阳原县文物保护管理所所长，以其名命名泥河湾遗址群中"成沟遗址"。2017年受中国社会科学院考古研究所聘请继续从事旧石器时代考古，共发掘旧石器时代遗址31处，参与发掘工作53次。

主要发掘工作集中在泥河湾遗址群，还发掘了长江三峡鱼复浦和唐家河遗址、湖北丹江口双树遗址、福建跨海遗址等。

泥河湾的一些遗址

在进入考古领域之前，我一直在部队当兵。1981年退伍后，我被安排在县文化馆文物组工作。当年3月份，开始上班。5月份，就和中国科学院古脊椎动物与古人类研究所卫奇老师一起去跑调查了，一边调查，一边学习。在经过一段时间的调查锻炼以后，我跟着卫奇老师去了他的单位——中国科学院古脊椎动物与古人类研究所。1982年，没有野外工作，我就去双古所和卫老师学习考古方面的知识，也和老师一起做东谷坨遗址的石片、刮削器等标本的分类工作。我原来没有接触过旧石器这方面的知识，对我来说什么都是新鲜的事物。当时，卫老师在办公室用信纸给我写了有关泥河湾的书目，当他忘记书名时，扭转身在书柜里就能很准确地拿出那本书，20多种书中，

只有3本是这样，其他书名全部都能记住。看到老师那么认真、记忆力那么好，我真是在心里暗暗佩服，只有对那么多书都非常熟悉，才能这样信手拈来啊！卫老师让我拿上他给我列出来的书单到图书馆借阅。借到书后，我平时就不去卫老师办公室了，看到老师每天也忙，我去了还打扰人家，我就在当时小二楼住处看这些书。在中国科学院学习完后，我回阳原前，去卫老师办公室辞别，请示他说，这些书一时看不完，也理解不了，是先拿回去，还是先把书还了再走？卫老师说，单位刚进来一个机器，能复印书，你去问问吧。我带上书就到楼下复印了有关泥河湾的二十来篇文章，回家继续学习研究旧石器。就这样，1981—1982年，我就成了中国科学院的常客。1984年，阳原县文物保护管理所成立，这是张家口市成立的第一个县级文物单位。多少年，我就一人管理这项工作，到第二次全国文物普查，才给调来一个人。我野惯了，就爱在野外跑，现在好了，每天扎根在小长梁，通知要开什么会，这里离得远，没办法回去。

看书得知泥河湾，要追溯到20世纪20年代了，桑志华（Emile Licent）、德日进（Pierre Teilhard de Chardin）等几个法国人是20年代来的，约1921—1927年。他们主要是在下沙沟区域找地层里的透镜体，厚度1米左右，甚至不到1米。起初，在透镜体里发现了动物化石，当时没有石器。1935年，法国旧石器考古学家H.步日耶在下沙沟发现了一件"石器"，在法国《人类学》杂志上发表文章。这件事在泥河湾引起了不小的轰动，大家都持怀疑态度，最后也没有盖棺定论。1965年，中国科学院古脊椎动物与古人类研究所的王择义教授到太原工作站任站长，他在泥河湾首次发现了编号为65039、65040的两个地点，确切地知道有人类活动的遗址，王教授是中华人民共和国成立后在泥河湾发现旧石器的第一人。

到了1972年、1973年，盖培和卫奇老师开始进行后期的工作。通过65039、65040两个地点，再根据老乡们提供的线索，从虎头梁开始调查起，一直到井儿沟、八马坊，横跨虎头梁遗址约12.5千米，又发现了7个遗址点，最后把9个点统一起来，统称为"虎头梁遗址群"。现在，我们把这几个点全部分开了，因为工程量太大，地理跨度很远，为了便于工作和区分，所以就分开进行命名。其中，65040地点命名为虎头梁遗址，65039地点命名为于家沟遗址。媒体对于家沟遗址进行了长篇报道，1998年，入选全国十大考古发现。

后来，我们发掘许家窑—侯家窑的时候，还是用罗盘测倾向、倾角、长轴方向，用水准仪测海拔高度，最后照相绘图。河北考古严格按照田野规程来操作，但随着科技进步，我们现在全部采用照相的记录手段，室内的数据提取也比之前的系统准一点儿。探方发掘的速度快了，发掘完直接拍照片，再进行清理，整个流程很顺畅。但是，拍摄中也存在一些问题，通常一处遗址需要二三十张照片，时间很长，能用一个半小时结束拍摄都已经算很快了，但我们一照就照一二百张，是为了尽可能地还原和呈现当时的场景和原貌，为以后的资料研究做前期准备。从数量上，这些数据很大，照片存储很占内存，虽然现在拍摄技术算是很成熟了，软件要比以前先进得多，但依旧是个技术问题。

我们目前的工作集中在2005年发现的马圈沟遗址。当时认为遗址年代距今200多万年，出土了一组16条大象的肋骨，还有门齿、臼齿，肋骨上有刮削痕迹，现存放于泥河湾博物馆。

我们进行发掘的时候是每5厘米挖一层。马圈沟遗址发掘不到100平方米，最后的第三文化层就出土了1700多件遗物，再用罗盘测倾向、倾角、倾斜方向，再量坐标，最后再测海拔高度、绘图照相，这一套流程走下来，大概用了一天的时间。那时候，马圈沟遗址的工作比较出彩，第二天各种媒体、报社、电视台等就断断续续地一直来。我们就把实物放那儿，一点儿都不能动，得给媒体拍摄，给公众观看，最后取标本的时候，天已经很晚了。

日本石器拼合技术搞得比较好、开始的时间也早，在世界上比较领先。

石器拼合技术就是把遗址内发现的石器拼合成原来的大石块。从马圈沟遗址出土的打制石器看，个别的石片打下来最远能崩到8米远，把第三文化层内遗留下来的石制品拼合起来，拼出一块很大的石头，共计36块石片。这个拼合数量比日本拼合的数量还要多。我们就是全部发掘工作都完成后，最后再进行拼合，出土的每一件标本都有一个号，编号从MJG：1开始，现在已经标记到3000号多了。

在遗址内发现的大石块虽然不是石器，但也有可能是人为搬运过来的，搬来后发现石料不适合不打制石器，就用作坐、垫等其他用途。

此前一直认为泥河湾属于小石器文化，现在马圈沟遗址出土的石器这么大，像南方的一样，原来说的泥河湾属于小石器文化可能还须存疑。我们目前还在不断地发掘，可能会得出更新的结论，最后才能得到比较精准的说法。遗址发掘中出土的石器全部都要冲刷干净，可以通过石器的台面研究石器的倾向，再用罗盘测量。倾向是向一个方向倾的，可能是水的作用，不是原地埋藏的。如果东南西北各个方向都有，说明是原地埋藏，当时的人类就是在这里打制石器的，也可能是水流不大，搬运得不会太远，因为在流水很大的情况下才可能搬运到很远，倾向朝一个方向倾的比较多。

有意思的事

最有意思的事要数于家沟遗址的发掘，因为在那里发现了中国北方最古老的陶片，那是很重要的发现。当时，我和梅惠杰两个人特别激动，中午下班以后，我们俩走了4千米到东城邮局，向单位汇报了我们的发现。我们到晚上还喝了点儿酒庆祝，开心得不行。当时，工地没有电脑、手机，我们的娱乐工具就是扑克牌，晚上没事会打扑克，谁输了就给谁名字下画个小动物作为惩罚。工地结束时，看谁的小动物多就做个总结，大家一笑而过。

第三次文物普查时，我在承德围场调查，也发现了一处遗址，还出土了一件石器。我曾经在一本书上看到过，法国人认为中国就不可能有这种东西，但我们就是发现了，特别激动。发掘出来以后，就测量经纬度，绘制草图，描述地层。当时我带的两个队员还不是很懂，就看着我自己激动，也不清楚是怎么回事。回到县城吃饭，我破天荒地给每个人点了一瓶啤酒、一道菜。他俩就猜到应该是个大发现，一直问我怎么回事，是不是真的。我才和他们说这是件手斧，在北方很少发现。后来，谢局长来避暑山庄开会，就给我打电话说："你带上那件标本，马上来避暑山庄找我。"我去了承德后，谢局长让我介绍了石斧的性质、意义。我也是在湖北丹江口发掘中才认识这个的，南方比北方多，在湖北那里就发现很多，北方这边相对要少一点儿。

1985年以前，我基本上什么都干，还挖过古墓、后段遗址，现在主要就是做新石器时代和旧石器时代考古了。从1981年开始，每年，我都在泥河湾，跟泥河湾的感情也越来越深。那段时间，我几乎不怎么去南方，家门口的工作还没做好呢。尤其是这几年，基本都在外面跑调查，每去一个地方都有不同的经历，积累不同的经验。20世纪80年代，我每年最多在野外3—6个月，1999年后，就增加到6—8个月了。通常，我们发现石器以后，就把周围环境记一下，四周再走走看看有没有石器，最后确定是不是遗址。只要发掘出来的标本就需要编号，如果要写文章，好的标本还要给它编个好号，比如888、666等，编号上有地点、时间。撰写材料时，要按照标本的编号顺序写，再描述标本的出土情况、材质，等等。这样描述的时候容易梳理，编号从一到几百甚至几千，一直往后排。写文章，不可能每件标本都描述，要挑选相对好的进行描述。所以，大多数情况下，第一时间看到石器整体是怎么回事，心里有数就行了。

对石器的认知，也是多年的积累。之前，我去中国科学院，他们收集了很多标本，我一看标本就知道哪些是泥河湾遗址出土的，这主要是看石料和工具。比如东谷坨遗址距今110万年的打制方法，打制方法不是太新，但打制技术还是很先进的；要识别于家沟、虎头梁一带的石器，其实也很简单，它们的石料其实很不一样。

旧石器时代可分为早、中、晚三期，但不一定每个遗址都是连贯的。200万年以前，这里是大湖，有9000多平方千米，泥河湾发现的遗址最早在大田洼湖滨一带，人们在那里生活。距今10万年的许家窑—侯家窑遗址属于中期遗址，那附近有14处遗址，大田洼北是桑干河，过河不远就是板井子遗址。虎头梁遗址群属晚期遗址，目前发现88处遗址。

目前，我国距今100多万年的遗址不足50处，包括云南元谋、陕西蓝田等遗址，现在保守估计阳原有40处，可知泥河湾的重要性。目前官方资料显示，泥河湾盆地有300多处遗址。阳原有这么多古遗址，从长远来看，当时人类的发展、技术都是不一样的。不同时期的打制方法等很多方面都不一样。比如马圈沟有7个文化层，从上到下都是不一样的。

2001年，跟美国加利福尼亚大学、印第安纳大学在泥河湾开展合作，美国人带来了正规的发掘方法。从那以后，我们就按正规的发掘方法一直到现在，板井子在1988年的时候采用的就是水平层发掘的方法。2015年，周振宇通过用照相机俯拍标本的方式，在标本的前后左右四个角都进行记录，再通过电脑软件，得到标本的倾向、倾角、长轴方向和海拔高度等数据。这种新型的技术，我们现在也一直用着。

还有个跟生活有关的事，有个美国学者在研究小长梁遗址时，根据打片方法，把当时人类区分开来。另外就是看头骨，要是没有头骨，就通过发现打片的技术，推测当时人的智力水平。侯家窑遗址出土的人类是10万年前的。那时候，人的寿命比较短，只有20多岁，相当于现在七八十岁的人。沟下面有水，但含氟量相当高，那个时候人们日常喝这种水，把牙齿腐蚀得很黄，而且含氟量太高造成了氟中毒，他们通常在那捕猎马、犀牛、牛、驴等动物。他们吃完肉，就近到河里喝水，水很苦，现在去村里喝水还是苦的，原因就是含氟量太高，现在建了水塔，但进入每户的水还是咸的。

关于泥河湾的传说

200多万年以前,泥河湾是一个大湖,面积占地9000多平方千米。在东边,有两个村庄,分别叫和尚坪和石匣里。传说,唐僧出世后,父母因为养不起他,就把他放在石匣里,在水上漂流。漂到东边的时候,一对老头、老太太把他救起来了,村名由此而来。还有另一个传说是,从前这里的水很多,但是流得四处都是,老乡们叫它洪江海,又叫洪阳江,也就是泥河湾。这里都被水淹了,村民们都在哭,唐僧西天取经时听到了,让孙悟空去看是怎么回事,发现竟是唐僧曾经受难的地方,就派猪八戒过来相助,猪八戒顿时变成了大猪的原形,然后就用鼻子把那里给拱开了,那地方就是现在的水文站。这些传说都不太科学,就是老百姓们的一种乐趣。

安俊杰编写的《泥河湾寻根记》材料比较齐全,他当时走过了很多路,用到的那些材料肯定不只是参考文献里的。参考文献里都是一些常见的,没列那么详细,那些材料我基本都看过,但是他说的东西文献里都没有。阳原曾有一本《泥河湾志》,记录了整个泥河湾民间故事。关于这些神话、传说有好多,去一个村一个版本。就拿石匣里放着唐僧的故事来说,石匣放在那个水里不会漂起来,是要沉到底的;有人说是用浮石凿的石匣,就像那种能浮起来的大同火山岩石;还有人说,是弄了个大木盆,把石匣放到盆里边,当然能漂起来。

回忆和泥河湾有关的人

盖培和卫奇是20世纪70年代到泥河湾来的,他俩来后发现了几处遗址,后来,盖培来得比较少,都是卫奇自己调查。1978年,中国科学院古脊椎动物与古人类研究所的尤玉柱发现小长梁以后,小长梁遗址的年代被定为距今300万年,后来又降到200万年,最后降到180万年。直到2000年,朱日祥院士确定了遗址年代为距今136万年。1981年,卫老师发现东谷坨遗址,与小长梁直线距离不到1千米,就想做出点儿东西。1983年,我和卫老师、谢飞老师一起发掘东谷坨遗址。当时,河北没有搞旧石器研究的,我俩就跟着卫老师一起参加东谷坨遗址的发掘。1984年发掘完成以后,谢飞组织了8名技工,开始在泥河湾搞调查,首次发现了30多处旧石器时代遗址。因为此前没人搞遗址调查,所以很容易出成绩。现在的飞梁就是以谢飞的名字命名的,也是那次调查中发现的,年代定为距今110万年。从那以后,每年都有人到泥河湾调查、发掘。

我刚工作的时候,卫老师就来了。当时,文化馆郭宝山馆长和我说的话,我到现在还记忆犹新。他告诉我,中国科学院古脊椎动物与古人类研究所的教授来了,要我跟他去学习。发现了东谷坨以后,贾兰坡教授就来了,住在化稍营,那里是招待所二所,阳原县城的是一所。当时,卫老师跟我说,贾老来了,说去看看贾老,顺便问问贾老见不见我。我想自己是小毛卒,贾老怎么能见我。没想到,卫老师跟他一说,贾老就同意见我。卫老师回来也很高兴地说:"贾老同意见你。"然后,就把我带过去。贾老当时住的可能是最豪华的房间,里面有一间卧室,外面客厅摆了一圈沙发,当时沙发很少的,反正我是第一次见、第一次坐。见到贾老时,我又激动又开心。贾老说:"你年轻,一定要在考古界稳住,考古比较苦,待不住人,好多地方的人干不了几天就不干了,你一定要坚持下来。"贾老跟我说这个话,我当时很受鼓舞,看来贾老很了解基层的文物工作啊。后来,贾老过世,我去参加追悼会,看到他,我不由得就哭了。

还有一件事,是1981年我开始做考古工作的时候,贾老来做遗址发掘前的指导工作。当时,我抽一种叫"官厅"的烟,2毛5分钱一包,比老乡抽的要好一点儿,黄盒的那种,我说给贾老抽,贾老说他不抽。后来,贾老到了工地,就在东谷坨遗址上面坐着。白瑞安的父亲拿着一盒"红满天",可能是9分钱一包,那老头儿就给贾老,说:"你抽我颗赖烟吧。"贾老说:

"赖烟？赖烟，我抽一颗。"贾老那么厉害的教授跟老农民打交道也很平易近人。当时，我还给他拍照片来着，黑白的，不过现在找不到了。谢局长那里可能有，我之前给他邮寄过。

回去的路上，白瑞安的父亲问我："这老汉一个月能挣30多元钱吧？"其实，当时贾老都赚300多元了，我才挣40多元钱。贾老多厉害的人啊，他说让我坚持，最后我想想我坚持下来挺好，也算没辜负他的期望。

我干考古也不是一开始就下定决心的，也动摇过。我们单位开始时叫文化馆，我是文物组，还有美术组，是写字画画的；群艺组是唱歌跳舞的；图书组是最清闲的，负责借书。我跟卫老师搞调查，心里就想，回去就不干考古了，考古太苦，又累又晒，跋山涉水，我要去图书组管借书去。调查期间，我捡到了33件标本，长方形石刀一类的。一起调查的还有天津自然博物馆的孟浩和卫老师，那次我捡到33件标本后，回到单位孟浩老师教我怎么上账、怎么描述标本、怎么绘图。做了几样工作后，我觉得考古挺有意思的，就舍不得离开这行了，这是阳原县唯一的文物啊，我又有劲儿了。就是这一动力一直支撑我坚持下去，按照老师教的把各项流程做完，没有账本就让单位打字员给打了印一份，自己装订成文物账。有一天下雨，第二天早上，我就跑到于家沟那里，找到一件刮削器，打得相当好，石料也相当好，是被雨水冲出来的。我让卫老师看过，他说这是一级品，得到老师的认可我很高兴。也不知道是幸运，还是天生就适合做这行。

我当时最大的愿望就是能在县里建一个展厅，县领导很支持，在武装部占了100平方米让我布了个展，把泥河湾的精品都展示出来。没想到，每天都有人来看，这里变成了一个宣传阳原的窗口，只要上级来人，都要来看展览。通过这种参观，也宣传了泥河湾。我工作挺充实。后来，越来越多人来参观。有一年，我只完整地休过一个双休日，基本上一直都在忙。只要有人来参观，不论多热多冷，我都得骑着摩托去开门，还要负责解说。现在的博物馆已经搬迁了，也不需要我来讲解了。博物馆里陈列的石器只是一部分，库房里还有很多跟旧石器有关的标本没有展出，部分后段的文物依旧保存在文物库房里，保存工作做得很好，我也开不了库房，负责的两个人每人一把钥匙，都打开锁才能进去。

1984年以前，都是我自己干活儿，之后变成两个人，逐渐越来越多，成了一支队伍。开始，身边的人不愿意做考古，觉得辛苦，想要转行。接着，又培养了5个人，结果一个也没留下。文管所当时有7个人，在当时就算人数很多了，一般县一级的单位就是两三个人的团队，有比较大的县或者地区也有20多人的团队，但是比较少。当时，要安排一个同事来上班，但我手底下已经有5个人了，不想再接收新人，我就跑到三峡做了3个月工作。从三峡回来以后，建议将同事安排到文化馆。大多数男孩搞考古比较方便，但她是个女的，也不是性别歧视，就是女性肯定不方便。虽然我出去了几个月，还是没推掉，最后她还是要来我们所，我也只好同意了。来了以后，出乎意料地，她能下工地，还能推土，大家都很高兴。

现在，阳原县范围内，泥河湾遗址是全国重点保护单位，其他旧石器时代遗址也全是全国重点文物保护单位。第一年申报的是许家窑—侯家窑遗址，后来又申请了泥河湾遗址群，把200多处遗址全部囊括进去。省级重点文物保护单位主要就是东城玉皇阁和开阳玉皇阁在古建范畴的申报。很多人奇怪，我当时为什么总是申报旧石器时代遗址，不申请其他的，真的是因为申报保护单位很难，旧石器没人盗、没人偷，老乡不懂，但要是申请玉皇阁，那种木质结构的古建筑如果被人放把火，我就得承担责任。

泥河湾20世纪80年代的发掘工作以及相关的事宜，我都参与其中。谢老师也是那时候来的，后来就是我们一起参与。我记得在半山遗址是卫老师让我按美国人那种发掘方法尝试挖了2平方米，就跟卫老师雇了4个民工开始发掘。大家中午也不回家，带着两个馒头、咸菜、一颗鸡蛋就当饭了。

我见过贾老几次，最早是在化稍营招待所，第二天他和我们一起去的东谷坨遗址，以后是去北京见的。后来是中美合作的时候，贾老任队长的时候来过一回泥河湾。我还去过他家里，一共有五六次吧。当时，贾老年龄已经很大了，他儿子照顾他，在门上写着："和贾老谈话不能超过15分钟。"他以前见过我，但已经不认识我了，我提到"泥河湾"成胜泉，他就"哦"，然后就说起泥河湾的事。最后，我说："贾老，我就走了。"我进去说了不止15分钟的话，我也没看表。我说，我要走，但是贾老要留我，没办法，就留下来了，还是聊泥河湾的事。我不敢发起话题，都是贾老谈起我回答，一直待了有半个多小时。回想起这些人跟这些事，想想还是很有意思的。

我是土生土长的泥河湾人，非常高兴得到很多专家老师的支持。这样说吧，我国的旧石器专家我都熟悉，和国内外许多知名专家一起工作过。我在这个领域也得到很多荣誉。其中，1998年，获国家文物局颁发的田野考古三等奖；1996年，在中美泥河湾考古队，经谢飞教授提议，将一处遗址以我的名字命名为"成沟遗址"。当时在座的卫奇教授，美国犹他大学布朗教授，美国加利福尼亚大学柯德曼教授，印第安纳大学尼克、凯西等都举手同意。我知道，这是谢老师和专家们对我在这个领域的肯定和鼓励。我深感责任重大，立志在工作中加倍努力，与泥河湾同在，多为泥河湾做出更大的贡献。

梅惠杰：独爱泥河湾

梅惠杰，河北省蠡县人。现任河北师范大学历史文化学院、泥河湾考古研究院副教授。以其名命名泥河湾遗址群中"梅沟遗址"。

主要研究方向为旧石器时代考古学，参与河北省泥河湾盆地于家沟、马鞍山、姜家梁等多地遗址发掘工作。主持"泥河湾盆地旧—新石器时代过渡阶段石器工业研究"等国家社科基金项目等多项重大项目。代表性论著有《泥河湾盆地雀儿沟遗址试掘简报》《我国北方泥河湾盆地新—旧石器文化过渡的环境背景》《泥河湾盆地梅沟和苇地坡旧石器时代晚期地点》及《华北新旧石器时代的过渡——泥河湾盆地阳原于家沟遗址》（合著）等。

同考古以及旧石器结缘

考古的实践操作性要相对强一些。我特别喜欢那种感觉，特别喜欢那种劲儿，浪迹天涯，徒步野外。

我有个军人梦，好像很多男孩子小时候都有军人梦，但那时候身体条件不太好，视力不达标，有点儿近视眼，所以参不了军。虽然参不了军，但是特别喜欢那种很男人式的、很阳刚的工作，比如说考古、地质一类的工作，起码在形象上有一种很酷的劲儿，背着包，浪迹天涯，徒步野外这种。当时报志愿的时候，我还不错，比现在很多小孩还稍微强一点儿，我当时知道有考古这么回事，但具体是干什么的，我不清楚。总之，想象当中就是那个样子，那时候的年轻人嘛，特别喜欢那种感觉，特别喜欢那种劲儿。填报了志愿就去吉林大学学习考古了，也算是比较顺利，后期又到北京大学继续深造，学习考古专业。我个人对历史的兴趣没有那么浓厚，但我比较喜欢考古实证性研究的方式。比如说，有一种看法和设想，可以通过一些实物，通过相关的证据证明一些观点，得出一些研究结果。历史学，我总觉得根据一些典籍和前人写的书、别人的话去做研究，科学性稍微弱一点儿，总归和考古很不一样，考古的实践操作性要相对强一点儿。比如说涿鹿，很多人把它说成一个黄帝、三祖文化，我们去那边考古，当地人都是按照《史记》来说，宣传着司马迁说什么了，司马迁说这儿有什么，你们就得在这儿挖出东西来。根据典籍作为依据，相对来说主观性强。

但是，旧石器不一样，旧石器时代太靠前，都是距今几百万年、几十万年，没有现成的典籍记录下来，流传于世。我们也不需要靠这些来做研究。旧石器时代考古涉及很多自然学科方面，比如地质学、古生物学、古人类学等，相关的学科挺多。虽然说自己是文科出身，没怎么学过太多理科的东西，但是，对这些领域比较感兴趣。由于原始人生活的特点，旧石器时代遗址往往都分布在一些地形比较独特的地理地貌地区，比如山地、盆地，还有一些大河。旧石器时代后段往往都分布在平原地区，更加偏向比较稳定的生活，是一种非常安逸、比较普通的地貌环境。想参加考古实践，就要去山区或偏远的地方，那里的风景往往都比较优美，被现代文明破坏和影响相对少一点儿。像泥河湾的小长梁遗址，景观确实很让人震撼，置身其中，心境都开阔了。现在看，像秦皇岛，还有一些平原地区，人口相对稠密一些，为了经济效益，一些村里的企业造成的环境污染太厉害了。此外，这些地区的人往往都相对较多地保留着淳朴的民风，跟这些地方的人打交道，身边都是淳朴的民风和自然的风景，工作起来比较舒心。

我们在大学时期上旧石器时代课程的时候，会读一些文献，那时候，知道在河北张家口有泥河湾这个地方，但具体不太清楚。当时是本科生，谈不上研究，更谈不上心得，只知道有泥河湾这么个地方。写毕业论文的时候，通过梳理泥河湾的遗址材料，以及与北京猿人遗址对比，选择了与泥河湾相关的论文。现在看，有些观点都是站不住脚的，但起码在学生时代对这些材料都熟悉了一下。我很早就确定，只要我干考古，就专注史前方向，但在史前范围内，新石器时代的陶片、分型定式太麻烦，而且遗址非常多，可旧石器时代就不一样了，所以，就决定专注旧石器时代考古。在我们学年实习的时候，我们的带队老师徐光辉跟谢飞老师的关系非常好，就向他推荐了我。当时，谢飞老师已经是河北省文物研究所的所长，手底下只有我的师兄李珺。

泥河湾地域非常大，对于河北省文物研究所来说，人手不够，所以想吸收新人参加到工作里来。他们有需求，我这有意愿，两个老师关系又都非常好，我记得当时徐老师在工地上打电话推荐我，过几天，就很高兴地告诉我，谢老师很希望我能去工作。所以，当时已经算是双向选择了，毕业就工作，基本就这么确定下来了，整个过程比较顺利。我们班25个人里有一半改行了，其他的就是到市博物馆、市文管会等处从事一些与专业相关的工作，我是唯一去省级考古所工作的。

初识泥河湾

1996年，我们在《文物季刊》上发表《泥河湾盆地雀儿沟遗址试掘简报》。雀儿沟主要的观点是谢老师提出来的，我参与整理了石制品，整理工作是我做的。后来，我独立写的第一个报告是《涉县新桥旧石器遗址发掘报告》。关于泥河湾，有意思的事就比较多了。1994年毕业的时候，我到工地报到，先是去了邯郸的工地——邺城遗址，工地工作结束以后，就9月底了。谢老师告诉我，要去泥河湾。当时，李珺正在发掘岑家湾遗址，谢老师要到工地去视察，我们俩就一起去了。谢飞老师当时给我的印象是特别严肃的，主要是他声名在外。没跟他一起去之前，还没体会到他的亲切，只觉得有点儿紧张。后来，我们俩同行，他在火车上开始给我讲泥河湾的相关情况，这里的地形、那里的地貌、大致的环境等，滔滔不绝。去了以后，看到岑家湾村有一座简单的桥，有一个通道能过河。桑干河附近没有桥，没有通道能过河。当时，河面比较宽，但水并不深，来往的车和行人都从河道里的河卵石上走过去。当时，也没有出租车，我们俩就在化稍营雇了三轮车，当时叫"蹦蹦车"，我们俩就坐着车从河面上过去。那时的条件特别艰苦，我们租了一户农家的房子，一个房间里就几张床，大家都挤在一起，谢老师作为所长过去也是和大家挤在一起。吃的方面，用的是胡麻油，自然不习惯，年糕也吃不惯，是张家口地区用黏米做的主食，虽然距离不远，但饮食习惯还是有差异的。

技工白日有是当地的，人家吃那个年糕，一大筷子直接就咽了。我夹了一小块，嚼半天也没嚼烂。老乡说，不用嚼，建议直接往下咽。平时主要是吃一些土豆、土豆茄子熬菜，总之，都是不习惯。我们是平原长大的，等去遗址看了以后，第一次见那种地貌——连绵起伏的山，转着看那些遗址，心里高兴极了。就记得从遗址的一条沟里出来，东西南北根本分不清，基本都找不着岑家湾村在哪儿了，后来又去了几次，才有些方向感。那种感觉就是，大学时在书本上见到的印刷体的遗址名、村落名现在终于呈现在眼前了，就特别激动。

受触动比较大的事

在泥河湾期间，经历的很多事对我以后的为人处世都有很大影响。很多人到了遗址区以后，喜欢随意捡标本。泥河湾标本相对丰富，地表上有很多，包括一些地层剖面也会露出来，石器、动物化石，很多人去了都捡起来带走。我们作为科研工作者，作为高校的专业老师，有些标本有必要采集回来作为教学标本，作为对比标本，但是有些人不是搞这个的，也不理解考古是怎么回事，这些标本有什么含义，当作好玩随手去捡。

如果从20世纪90年代开始算，这么多年泥河湾地区重要遗址周围的石器标本已经非常少了，以前还能一大把一大把地捡到，现在只有在虎头梁遗址附近还能看到一点儿，其他地方比较少。岑家湾和油房村南边高地有座周家山，山上原来有新石器时代、仰韶时期、龙山时代的遗址，这些遗址的地表上面是耕地，种梨树、黍子等。农民在耕地、翻地的过程中会将很多石器带到地表，有一些是非常漂亮的石镞（箭头）、石斧、磨棒，还有一些是非常漂亮的装饰品、骨器，很多人都登到顶上捡，但是，现在如果再去的话，就很难找到了。这是我现在非常担忧的一个问题。

说到这个问题，就涉及1996年中美合作发掘飞梁遗址。飞梁遗址是一个很重要的遗址。1996年，首次以河北省文物研究所（今河北省文物考古研究院）的名义和外国团队合作。中方领队是谢飞，美方领队是克拉克（J.Desmond Clark）教授。他的两个学生尼克和凯西都是印第安纳大学的，这两个人和我们一起对泥河湾进行了很多研究。出去调查的时候，刚毕业两年的我还是毫无意识地沿袭着以前考古人的习惯，到哪去都喜欢随手捡东西，看到石器、化石之类，可能就随手捡起来装兜里了。有一次，他们开始对我们说"No"，跟我们讲，不能这么做，这些标本散落在地表，代表遗址的分布范围，代表遗址体现的文化的内涵、性质。把标本留在这里，不管什么时候都可以看到，可以帮助我们做出判断，但如果把标本捡走，再来考察就没有了，遗址蕴含的考古信息也不在了。当时让我非常受触动。因为这件事让我打破了固有观念，在这以后，就和以前不一样了，开始有意识地去思考，觉得确实是这个道理。标本留在地表更能发挥它们的作用，如果我们已经有了类似的标本，或者已经有了很多标本，通过工作或学习其他人的研究成果，已经明白这种遗址代表的研究性质和内涵，那就没必要把这些标本再拿回来。作为专业人员，如果标本对于以后的研究有帮助，比如以前没有见过这种标本，或者说标本能够帮助发现另一个新的问题，那可以捡回来，做一个教学标本、研究标本；但事实上，很多东西如果我们不需要它，就不要再无意识地采回来，就让它留在地表。因为不仅我们现在做这个工作，以后，或者说过很多年以后，会有其他的学者、老师和学生来这儿调查，这些地表上的标本可以帮助他们获取一些信息。

在这以后，我也有意识地把这种观念纳入自己的行为规范里面。多年来，只要我去泥河湾，就宣传这种理念，包括我带的学生。有一次，我带的学生到周家山上捡了几件标本回来，我还把他训哭了，赶紧回去拿铁锹再给埋上。我觉得最主要的是向政府部门工作人员灌输这种理念，有很多政府人员去了，大都以开玩笑的方式普及这种理念。我记得2013年我来河北师范大学，第一次以河北师范大学的名义去泥河湾，那时候，要办第一届泥河湾公众考古活动，县里很重视。公众考古活动里有一个环节是现场模拟发掘，县委副书记张春生需要提前去工地选址，为了选地方，我们去周家山上看。他无意间发现了一件石器，就拿起来，说："哎，这不是一个石器吗？"我就跟他说，不能乱捡，普及了一下关于石器位置信息的理念。他听了赶紧找到原来发现石器的坑，把石器埋回了原来的位置。我们的领导干部素质确实很高。

十大考古发现和梅沟遗址

泥河湾被评为"十大考古发现"之一，对于所有人来说，就是最好的礼物了。

泥河湾盆地于家沟旧石器遗址入选"十大考古发现"的时候，我是非常激动的。整个过程我经过了很多心路转折，一开始觉得旧石器时代遗址里面挖出万年前的陶片是不是自己哪里挖错了？发掘方法是不是出现了问题？后来，经过谢老师确认，还有王幼平老师现场判断，就认为遗址的性质应该重新思考，既不是旧石器时代晚期，也不是新石器时代，也不叫中石器，后来定成新旧石器时代过渡阶段。

当时，觉得这个发现很重要，后来，发掘成果被评为"十大考古发现"之一，百感交集，激动、自豪、骄傲……现在回过头看，觉得很惭愧。作为从业人员，应该及时去跟进、掌握新发表的资料，因为当时像湖南、江西一些南方遗址，已经发现了超过万年的陶片，国外，像蒙古、俄罗斯的西伯利亚、日本，也有一些类似的报道，但当时我们没有关注和看到这些资料，不能确定。当时，我还是刚毕业的学生，需要谢老师的认定、把关，如果我当时再努力、勤奋一些，掌握的材料再丰富、更新一些，可能在发掘时的反应会更快，理解更深，现在回过头确实是这么想。

梅沟遗址的命名是挺偶然的，不是很正式地为了表彰我们这些工作者而命名。桑干河边的地层里分布着很多文化层位，沟里面的沟岔非常多，沟的名字叫大西梁，梅沟遗址所在的沟就叫大西梁南沟，但大西梁南沟也是从沟口开始叫的，再往里延伸又分出好多沟岔，再向里面的地点应该如何命名？当时的情景是要进行发掘工作的沟在西水地村的西面，不知道该如何命名。当时，谢飞老师就建议叫梅沟，遗址的名字就产生了。梅沟纯属是为了好命名地点，不是很严肃的事。后期，让我负责它的试掘，整理相关材料发报告。梅沟遗址的石制品、石器技术没有非常特殊，主要是提供了一个泥河湾从开始到现在的地层剖面，下面一直以来发现的都是以传统小石器为主，到上面，发现层位里有细石器，属于泥河湾旧石器时代晚期，可以看出晚段的时候从小石器到细石器的转变，这是梅沟遗址最主要的意义。

在课堂上将泥河湾根植于学生心中

泥河湾不仅能体现出河北的优越性和独特性,而且能让我们从老一辈的先生身上汲取到可贵的科学精神。教育既是传授科学的知识,也要教授做人的道理。

我现在在河北师范大学教泥河湾旧石器时代考古的专题,想从一个教师的角度出发在课堂上把泥河湾带给学生。以前没有做过教师,对教师行业有一种非常敬畏的感觉。博士毕业的时候,有机会去北京的高校,但总觉得自己各方面距离做教师行业的要求有点儿距离,不敢轻易尝试做教师行业,所以当时选择了去中国科学院古脊椎动物与古人类研究所读博士后。后来,河北师范大学成立考古系,谢飞老师需要扩充人马,泥河湾也需要人,就把我们都召集过来了。过来以后就需要讲课,我就想到旧石器考古的专题,但是由于本身对教师的敬畏,每开一门课都需要提前做足功课,提前把课备好才能开课。从过来到现在差不多4年了,每年都匆匆忙忙。在学校有学院安排的工作要做,又要有一段时间去泥河湾工作到10月底,到年底才能回来,没有集中的时间准备这些课程。但要讲专业课的话,学术性又是非常强的,在课堂上所说的每一句话,都要去查阅很多文章,让这一句话无懈可击,所以时间上必须要有保障。

现在陆续在招考古专业的研究生,尤其是旧石器时代考古方向的研究生。对于研究生的培养更重要了,课程的讲授必须要跟上,旧石器时代考古的课要尽快开了。虽然泥河湾是世界的,但在地缘上是河北的一块宝地,河北高校考古学专业的老师、学生有地域上的优势,一定要把优势利用起来,对泥河湾的学习、认知、理解、工作要体现出比其他高校更高一些的水平,更多地做些工作。所以,首先这门课十分必要,能体现河北的优越性和独特性。我的设想是带着大家把从古至今一些重要的遗址都串一下,每一个遗址的报告里可能会有一些其他报告中不包含的东西，比如遗址的背景，老一辈的先生们发生的故事，包括了解到的一些内容或故事性的回忆。我可以把这些带进课程里，加深学生对泥河湾本身、对考古工作的理解。

从大方面上来说，泥河湾遗址群涉及国际重大学术问题，如人类的起源、新旧石器时代的过渡，还有中国石器技术演化轨迹，不能单纯地扎在泥河湾里、扎在河北里做研究，一定要放眼国际框架，明确国际定位，把与它相关的所有东西结合起来研究。河北的学生比其他学校的学生更了解这些基本资料。

从学科史的层面来说，老一辈的治学精神要穿插进去，学生们不能仅仅是机械地看标本、看书，而且要知道他们身上的学术道德，从老一辈先生身上汲取可贵的科学精神。教育既是传授科学的知识，也要教授做人的道理。

泥河湾的公众考古

利用什么途径和渠道，能更好地将它展现出来，吸引人们的注意力，让人们更好地通过这些石头了解历史。

考古应该宣传出去，应该起到一个教育大众、传播科学的目的；但公众考古一到网上就让人感到无奈，有些人的素质具体怎么才能提升？公众考古的形式也需要思考，怎么才能达到效果？还得多种途径多种方法。公众考古是非常有必要的，这是世界性的课题，已经成为考古学的一个分支专门做这个事。关于公众考古，专家们的着眼点有很多不一样的地方，不过，大家想要达到的目的是一致的，都是朝着学术的方向前进。一批很普通的材料需要踏踏实实地整理研究，对你来说，可能一块石头和陶片就有一些比较重要的意义，但媒体不一样，他们需要爆炸性的新闻和重大发现。媒体的关注点和科研人员有些区别，这也是多种因素造成的。做学术的怎么处理好和政府的关系，得到政府的支持、财政上的支持，也是一门学问。旧石器时代考古是非常费钱的一个行业，不产出经济效益，得让上面支持，但是，要切记学术应该怎么做，要坚守学术红线。

相比历史时期，泥河湾对于普通公众来讲，知名度要稍微差一点儿。毕竟是石器时代，相比历史时期在出土文物的观赏性上稍微逊色些，要更加注重精神层面的宣传。博物馆展览确实观赏性不强，不吸引人，需要我们反思，接下来的工作如何去做，利用什么途径和渠道，能更好地将它展现出来，吸引人们的注意力，让人们更好地通过这些石头了解历史。现在VR技术的视角能看出一个图景来。有时候搞研究，面对一桌子石头，可能会大言不惭地说能看出一种想象：一群人，看这些石头不那么好，就有爸爸教小孩做石器，可能这个小孩做得不好，然后爸爸发脾气了。这样就会赋予石器一些故事性的东西，让它变得更加有趣一点儿。传统的展览方式是肯定不行的，具体怎么做，我们也想了很多的办法，这也是公众考古方式中的一部分。

在公众考古的方向上，我觉得不管干什么，都要善于发现问题，有些胆量和勇气，不能流行什么就跟着做。比如说泥河湾就有一些问题，像周边的环境、经济、人口流失、随意捡标本，还有在这样的圣地里，县里面为了开发遗址的附属经济效益进行的建设本身对遗址造成破坏，等等，都需要学习和吸收别人的先进经验并加以解决。

从另外的角度看，退耕还林是好事，但要把握好度确实很难，控制不好就会有影响。回到泥河湾上来，参加泥河湾工作的单位和人员逐渐增多，但对于泥河湾发掘来说，不一定是件好事，因为发掘空间相应地扩大了，这么发展下去，后期的保护和维护都是问题。泥河湾遗址是有限的，虽然它蕴含着丰富的研究对象，各个领域的专家都很看好它，但它的承受能力终究是有限的，不能过度发掘。很多年以前，大家就明白这个道理，古墓是最明显的，我们现在尽量少主动去发掘，要把更多文物留给子孙后代，等技术更加完备以后，再进行下一步工作。泥河湾现在也是同样的道理，现在挖得太多了，很多土遗址，包括于家沟、油房等，以后怎么办。

现在关于土遗址的保护非常麻烦，从意识和技术两个层面都不好解决。当时去白马营那边，探方就直接裸露在外面，加上张家口地区风沙比较严重一点儿，黄土都是垂直节理裂的立缝，一裂缝就不断坍塌，下一点儿雨，软一点儿就容易塌，都不知道要怎么保护起来，就只有盖棚子，但盖棚子又涉及和原始风貌相协调的问题，在荒郊野外弄一个金属的保护壳，五颜六色的也不行。多关注一些这样的事，引起大家的重视和反思可能更有意义。

行业内对泥河湾未来发展的期望

把泥河湾提到更高的高度，提升到国家的层面上来，让更多的人参与进来，把所有力量都整合起来，完成资料共享。

目前，行业内就是希望继续把泥河湾做大。以前，泥河湾这个地域就是指阳原县、阳原盆地，但现在提倡叫大泥河湾。学术问题不能局限于行政的划分，在过去没有行政的区划，都是在非常广阔的空间去生活、活动。从地理范围上看大泥河湾，相同的地质构造一直从大同到现在的怀来水库，整个结合起来，让广义的泥河湾盆地和北京的延庆、永定河联系起来，进而扩大成非常大的学术空间。

最早的时候，中国科学院有一些零星的学者、老先生去泥河湾开展工作，当时做得非常好，出了很多成果。后来，谢飞老师来了河北省文物研究所以后，文研所就有了自己独特的研究力量。之后，又来了李珺，来了我，就是我们三个人了。当时，因为涉及很多关系，对外界还是比较排斥，现在不一样了，大家的思路都变得开阔起来，和以前有明显的区别。现在，我们在做河北省科技厅的泥河湾"东方人类探源工程"，谢飞老师、高星老师还要运作帮助泥河湾发展更好的大项目。之前一直在申请阶段,想从国家的层面把泥河湾提到更高的高度,不只中国科学院,也不只是河北省文研所,让更多的人参与进来,把所有的有生力量都整合起来,完成发掘资料,整理资料共享。

另外,我们还要继续向国际推介泥河湾,以前虽然有很多文章,但是和国外的交流还是比较少,发表的外文文章也还是少。关于外文文章,会直接联想到泥河湾是东方奥杜威、国际的科研圣地,但其实在国外,很多国家的学者其实都并不知道泥河湾,有的可能知道有泥河湾,但是对泥河湾近些年来的一些进展的了解以及掌握的资料并不多。现在,国际上有些重点学术问题,比如说人类起源、现代人起源、旧石器向新石器时代过渡、农业产生、陶器起源等,都应该争取让泥河湾在这些研究中发挥更重要的学术价值。

赵海龙：泥河湾是公众遗产

赵海龙，吉林长春人。现任辽宁大学考古文博学院教授，中国考古学会理事、中国考古学会旧石器考古专业委员会副秘书长，泥河湾遗址群石沟遗址发掘负责人。

主要研究领域为人类起源与演化、旧石器时代考古学、实验考古学、考古技术与应用等。曾参与、主持国家社科基金项目等多项重大项目和文物局主动性考古发掘项目、"三峡水利工程""南水北调工程"等抢救性考古发掘项目计20余项。

关于石沟遗址

用整体打包技术将标本转移回实验室，发现疑似石片刮削痕迹，反映出曾有人在此活动。

2015年，我们在石沟的主发掘区就已经发现了一个史前人类餐食动物的场景，那个发掘区有石器、动物化石，以及像鬣狗这种动物啃咬化石的痕迹，还发现有鬣狗的粪便。

2016年，我们在石沟遗址发现了一个重要的化石点，被我们直接整体装箱带回了学校。回到学校后，再重新打开减轻重量，最后一步一步弄到实验室里，通过进一步清理，最后呈现的是古人餐食的场面。这个发现在距离主发掘区200多米的地方，其年代跟主发掘区的年代差不多，都是距今150万年。我们在这上面发现了有牛、马、犀牛、羚羊、鹿等各种动物的化石，集中出土的是下颌骨和四肢骨，上面还有一些鬣狗咬的痕迹。

这两天，我们在化石上面有一个重大的发现，在其中一个马的肢骨上有一处疑似人用石片刻划的痕迹，我们在显微镜下记录了下来。该地点虽然只发现了动物化石，但是化石上保留了动物的牙齿咬痕，还有疑似人为石器刮刻的痕迹，说明这不仅仅是一个化石点，还有人类活动。遗址的地层剖面很厚，但它的文化层是非常密集的，而且是连续性的，基本上有化石的地方，就有潜在的人类活动的线索存在。

石沟这个遗址地点，最好的方面是它保存下来很多化石资料。我们做旧石器时代早期考古，可能不像旧石器时代晚期接触的石制品那么丰富，但这个点，包括石沟的主发掘区，以化石为主，还有少量的石器，反映出这里曾有人类活动，人类曾经吃过什么样的动物，它也都已经表现出来了，而这些动物化石里面有丰富的牛、马、犀牛等草原动物，又能反映出当时的生态环境。这也就相当于复原了一个古代人类生活的场景：这些食草动物常年到水边栖息、饮水，那种大的、凶猛的食肉动物，如鬣狗等，可能就会在这个时候趁机把它们杀死吃掉。鬣狗吃完后还会有些剩余，人类再过去，用简单的工具进一步剔除，剥下骨头上留下的肉或韧带等。

通过对泥河湾早期遗址的解析，我们发现，早期的人类是没有能力猎杀大型动物的。但是没有发现他们狩猎的工具，另外，他们也不具备那样的能力，因为早期的人类群体非常小，个体数量非常少。在应对难以捕食的食物资源的时候，早期人类往往会利用大型的食肉类动物，如鬣狗、豹、狮子等。华北地区可能会利用鬣狗、剑齿虎等把食草动物杀死吃掉，人类再去捡拾。这种利用大型食肉动物获取食物资源的行为，我们称之为猎食性。

考古人，尤其是研究旧石器时代的考古人，在意的就是遗址是不是原地埋藏。如果是原地埋藏，能够提供的信息就更多；如果是二次搬运，流水把这些都冲走了，那就会损失掉很多信息，遗址的价值就会打折扣。很幸运的是，在发现大量化石的基础上，我们又发现了石器，石器之间还能进行拼合。这说明原先的人类在这里加工过石器，而且，化石被移动的概率非常低，接近于原地埋藏。

这里的年代应该是接近马圈沟第一层，地层也是相连的，这对未来我们解读早期人类的行为模式是非常有帮助的。我也打算在石沟这个点多做几年，把周边的问题都搞清楚，再进入到实验室环节，借助自然科学的一些手段，全方位提取遗址整体信息，并传递给需要的人，比如说科研人员，或者社会上对考古感兴趣的人。我们确实是用了很多的心血在做石沟遗址，想把它做得更完美一点儿。马圈沟遗址以前做过一次大象脚印的打包，文物研究所现在还有大象的脚印，相当于化石的整体打包。在国内，史前化石的整体打包也并不常见，我们学校把这个化石打包回来，也是第一次。像那种第四纪哺乳动物化石都是中国科学院专门搞哺乳动物演化的研究人员在做，他们把个体标本都提取出来，回去之后再一个一个复原，实际上就已经破坏了骨骼的叠压状态，它们之间的关系被破坏了。

我们希望把这个整体拿回来再做进一步的细致清理，在显微镜下观察疑似的地方会不会有一些微痕处理，这样对解释人类在演化过程中处于哪个阶段，以及更多的是人的因素的参与，还是鬣狗这样的因素的参与更有帮助。我认为，在泥河湾旧石器时代早期应该注意一个方向，尤其是从考古学、人类学角度，泥河湾早更新世目前还没有发现人类化石，这是一个最大的遗憾，我觉得将来可以做一些外围的工作，从泥河湾周边的一些早期洞穴、早期堆积寻找，可能是个突破点。

另外，应该是找有化石、对化石保存非常理想的遗址进行发掘，因为这个遗址给化石的保存提供了一个很好的埋藏环境，有动物的化石，那么就不排除将来会有人的化石发现。因为在非洲的那些案例，鬣狗不但会把动物杀死，而且会把人杀死，如果鬣狗把人杀死，那么人的化石就有可能和这些动物化石混在一起。

希望泥河湾更多一点儿宣传

泥河湾是一个大的遗址公园，涉及早期的人类起源、现代人起源，以及中华文明起源的问题。

泥河湾遗址群面积比较大，最近这几年的研究成果很多，但并不是所有的成果都能向公众普及，每个点都有不同的意义，要找几个有代表性的、特殊性的点拿来推广、普及。比如说，我们现在研究人类起源，旧石器时代考古研究人类起源分两部分，一个是早期人类的起源，要接触距今一两百万年这样的遗址，另外一个就是现代人的起源，要接触的就是10万年以来的遗址。泥河湾符合这个条件的遗址其实非常多，尤其在大田洼、小长梁的位置，100万年以前的遗址非常多。最著名的可能就是马圈沟、小长梁等，这些遗址的可参观性比较强，因为马圈沟和小长梁都被纳入了"十三五"规划，它的保护棚及周边建设都会尽可能地完善。像这些重点的遗址，可以在每年组织活动的时候带人去参观，比如成胜泉所长作为当年的参与者，给前来参观的人讲解，将切身感受分享给大家。

如果提到同现代人起源有关的遗址，包括梅惠杰老师在进行调研的油房遗址、社科院考古所周振宇老师调研的西白马营遗址，以及中国科学院发掘的遗址。到了春天发掘季，这些单位都会参与，通过这些遗址也可以做一些相关宣传工作。

实际上，我们有做与泥河湾相关的宣传活动和研学活动，在这里面，科研人员是主力，遗址发掘现场领队是主力。我们主要是协助主办方进行策划，为前来参观的公众讲解阳原地区的历史文化。这就使我们在研究和宣传中存在角色转换问题。为公众讲解，是知识科普的过程，真正在发掘过程中又是另外的角色，需要做得更加严谨。开展宣传的遗址必须非常有代表性，才能吸引公众的兴趣。现在，泥河湾有200多处遗址，成果也很多，从博物馆里能看出目前主推马圈沟、小长梁、姜家梁。姜家梁是旧石器时代的遗址，从新石器时代一直到战国以前，都有非常密集的遗存存在，各个时代的连续性都比较强。遗址的宣传主要是要分段，是只宣传旧石器时代这一段，还是整个系列都要提到一些，侧重点就不太一样。

  一般情况，宣传泥河湾是大遗址公园，不能够忽视它的晚期涉及中华文明起源部分，要把新石器时代的东西作为宣传内容之一。泥河湾有几个重点可以做，一是早期人类起源，二是现代人起源，三是中华文明起源。比如在涿鹿黄帝城，既有人研究姜家梁墓地的主人，也有人研究部落的特质，和北方早期民族是什么关系，跟文明起源挂钩。随着我们办活动越来越成熟、丰富，每次项目都要有创新。目前来说，最重要的是思考如何让活动进入可持续模式，每次都能有新鲜感。如果今年的报道和去年基本一样，活动就没有什么意义。

  公众考古活动可以参考很多旅游景区采用大型印象晚会、露天演艺等编排好的展现形式，演出效果非常好，视觉冲击力非常强，但观众是一直变化的。就像"三亚千古情""云南映象"模式。在泥河湾，我们如果要仿照这样的方式，会不会也能有亮点？定期编排类似于原始人、类似于户外的表演，然后让大家参与进来的节目，能够反映当时真实的古人类生活场景，也可能会收到很好的成果和效应。现在，旅游景区大都会有个剧场，表演的内容是从景区所在地文化的起源到现在的发展。张家口蔚县有一个传统项目叫"打树花"，也叫"打铁花"，是当地的非物质文化遗产，最开始在露天表演，后来转移到室内，之后又编排一些舞蹈加入进去。现在，门票是每场180多元。以前基本上每天一场，因为在室内之后白天和晚上都能表演，一天可以表演3—5场。这种运作模式的收益非常好，对当地政府来说是十分重要的创收。这些资金既可以对周边人的生活有一定的改善，也可以让政府有经费维持遗址公园的运转，可以做到双赢。

实际上，我们在推广的过程中还可以试图从外面收获一些其他方面的收益，然后才能是良性的发展。泥河湾当地的经济相对来说比较落后，现在没有经费做公众考古这件事。可以借鉴水洞沟的模式，吸引商家投资或者冠名，这样至少可以保证一部分经费的来源，可以带动周边经济的发展，也可以打个广告达到宣传目的。周边的例子也很多，大同云冈石窟运作得就很成功，交通方便，管理到位。目前，泥河湾缺乏这样的规划，硬件、软件没有跟上，不发达的交通、食宿等基础设施给我们的工作带来阻碍，但我们现在正在筹划完善中。

泥河湾遗址群公众考古

现实和理论会有一定的冲突，对受众的层次、活动的方法以及遗址的保护都要有很详细的规划。

要探讨适合泥河湾遗址群的一个模式。国内的话，的确有公众考古历程的研究，但是以某一个遗址点做研究的比较少。说到模式，要突出一定的思路指导性，也就是说，可以给后边做一个示范。

给不同部门明确的分工界定有更深层次的指导意义。这里面有政府部门，有媒体部门，还有科研部门，实际上，他们之间是有分工、有合作的，但是，我们看网上的报道并没有强调这一点，因为它只是体现公众的参与程度。实际上，政府部门和科研部门合作分工直接会影响到效果，比如说，策划环节、实施环节由哪些人承担主力工作。大活动一定会涉及很多细节问题，细节问题主要体现在对模式的探讨。如果今年的公众考古活动规模再大一点儿的话，想必在这里面就会发现很多问题，而直面问题，亲自参与总结经验教训，意义会更大。

现在有泥河湾遗址群管理委员会，他们的工作非常关键。目前在河北省着重做泥河湾工作，比较符合大趋势。目前，我们认为2015年做的活动是比较成功的，活动的一项内容是参观，一项内容是参与发掘，还有打制石器的比赛。本来还打算去桑干河边用打制石器作为工具，模仿原始人的生活，去宰羊、割肉、烧烤，但是，很遗憾，下雨了，活动没能组织起来。当时，载客的车已经到了阳原县，所有参与的人住在县城的宾馆里。中午，在县城休息之后，本想按计划下午去桑干河边打石器然后烤羊，但3点多钟开始往桑干河走时，路上一直在下雨，下高速后，还在判断雨能不能停，雨停了，可以在户外活动。因为每个人都对这个活动很期待，还想搞一个篝火晚会。这也是我们当时的一种策划。

其实，很早的时候，泥河湾的工作人员就曾自己打制石器进行模拟烤羊，再把剩下的骨头放在山上，算是一种不太完备的实验考古。成胜泉所长他们的实践活动可能早一点儿，20世纪90年代左右，谢飞老师在的时候，搞过一次这样的活动，把羊杀了，再用篝火进行烤制。2015年的时候，甚至还策划用最原始的钻木取火的方式生火，但也因为下了雨没能实现。我们完全可以把它当作既定项目，纳入以后的活动。

所以说，如果公众考古模式设计得比较详细，也许可以一年一办，但需要公众参与程度足够高。曾经和腾讯网的负责人讨论可以通过网络平台做网络直播。在发掘过程中做直播，效果要更好，网上的用户量倍增，受众群体就会随之变大。对于实地考古来说，因为遗址发掘区是有限的，时间是有限的，承载力也是有限的，即便现场的参与人员数量提高到非常多，规模也不会很大，也不会上升到几百人，而且频繁的参观对遗址周边也是破坏。2015年和2017年的公众考古活动有200人左右的规模，真正摸索公众参与模式的时候，有媒体人员、行政人员、科研人员，以及公众和社会各层次的人一起参与。

很多人到了泥河湾的现场，看石器新奇，会随便把石器拿走，所以我们对受众的思想层次有一定的要求，不可能对所有人全部普及，大众的文化水平还没有到可以全民保护的程度。理论上，我们现阶段做科普，应面向社会大众，是不可以把人进行区分的，如果有区分，就不符合公众考古的理念。所以，我们应该引导公众，在活动之前要灌输相关保护理念，比如在遗址区不可随便采集遗物，以及在遗址区需要注意的事项，对遗址区的保护和尊重，对科研人员劳动成果的尊重。这属于前期在宣传过程中要植入的理念。

公众考古不能限制人群，现阶段也可以利用网络招募形式，登记身份证信息才有资格参与，还可以对地域设限，这样筛选的参与者前提是对旧石器时代考古感兴趣，心里也会多一些保护意识。我们在2015年举办公众考古活动的时候，一个对考古很着迷的中山大学的男同学过来参加，他就是在网上了解到相关活动信息来到现场。前期网络招募介入没有做好筛选，爱好者自己过来没法限制人群，对职业进行调查也不太合适，公众会质疑为什么不让他们参与。吸取教训后，会规避一些风险。

现实和理论会有一定冲突。当时，我们在做策划的时候，凤凰网的工作人员建议我们邀请一部分新闻媒体、一部分河北省博客圈子的老年人，吸引一些经常出游的户外活动人群，以及一些文化水平比较高的人群，其中很多都是文化部门退休人员、书法家、公职人员等。把他们吸引过来做什么呢？让他们更新博客，更新微博，通过以点带面的方式宣传泥河湾。通过名人效应，达到宣传泥河湾的目的，让网络粉丝通过"大V"的分享了解到泥河湾的事情。

目前来说较为成功的案例就是之前有位文化商人，一直在中国旧石器点——水洞沟遗址活动。这位商人很有头脑，把宁夏文物考古研究所做旧石器时代研究的王惠民老师聘请为学术顾问，水洞沟很多对外活动都是在学术顾问的意见和业务方面的指导下进行。有一次活动邀请国内比较知名的6位博客博主一起来水洞沟参观，得到了良好的反馈。这些都是一种对外宣传的运作模式，进行考古宣传，需要有一部分人切身体验，注重情景参与性，发挥带头作用，还有一部分潜在的网络观众，实际上也算是公众的二次传播。水洞沟比较注重公众考古，开设了自己的公众号，我一直有关注它的相关信息。

通过网上的图片、文字信息甚至视频，大家对泥河湾能够有一定了解，知名度慢慢地就像滚雪球一样，越滚越大，被大家所熟知；但目前后续的工作做得不太好，活动持续了两三天，网上报道后就没了消息。可以适当开展一些小范围的活动。比如说，活动规模可以非常大，里面可以设置一些小组，将来如果小组成员感兴趣，就可以组成一个兴趣小组，做后续的工作和探讨。这些都是我们需要探索的具体方式。

公众考古的周边需求

泥河湾周边的建设和环境的问题也需要我们考虑。大家都处在探索的阶段，最高的目标就是让更多的人理解考古在研究什么。

泥河湾周边的建设、环境问题也需要我们考虑进来，那边水土流失、风雨侵蚀很厉害。在目前的状态下，我们该如何做考古方面的宣传？在未来环境更好的情况下，我们应该如何运营公众考古模式？公众考古的未来趋势是什么？现在还没有一个理论模式。因为它从国外传入的时间比较短，几个学科综合到一起，目标是科普教育以及遗址保护。公众考古的产生就是为了保护遗址区。以前，我们的考古工作太小众了，不是一般大众能理解的，所以，我们更应该将沟通的重点放在大众身上。

我在泥河湾的时候和周边的村民聊过这些，但对于他们来说，虎头梁这类遗址只是一些地名而已，没有其他的实际意义。产生这种现象最主要的原因是教育问题。从历史书上的内容来说，世界史中谈史前史的内容非常少，谈旧石器时代的也非常少，中国史谈旧石器时代就是北京人、元谋人和山顶洞人，一两页纸的内容就结束了，意义和价值也一带而过。到了初中，一部分学生不再继续求学。高中之后，一部分学生文理分科，现在即使问理科领域里的科研人员，他们也无法说出来史前人类是怎么回事。当地的农民更是如此。

我认为，公众考古最高的目标是让更多的人理解考古在研究什么，或者古代史在研究什么。这些问题包括两个方面：一个是对考古学科有所了解，另一个是对古代史有一定了解。问题确实不好解决，有的时候，单从理论上来做，很难进行下去，也没有实际意义。

大家都处在探索阶段，实际上，有一部分人不认同公众考古，很多人认为考古是科学领域的，是在象牙塔里面的，只有一小部分人知道，甚至张忠培先生有的时候都这么认为。现在有一些人，像高蒙河老师等愿意把考古理念和成果宣传给大众，还写了一本叫《考古好玩》的科普读物。

现在，公众考古正处在争议之中。记得2008年或2009年的时候，北京大学教公众考古的范家翎老师上课的内容介绍的很多都是外国材料。因为国内的公众考古刚起步，教学资源和内容比较少，也不是很成熟。在出版行业里，现在出科普图书的就是山西大学，他们的公众号做得非常好，叫"考古汇"，主要由山西省考古研究所运营。现在也有一些做得比较好的公众号，比如"三星堆博物馆"；还有个人公众号，比如"考古大师姐"。这些都属于试行的前奏，在网络上做新媒体传播，让新媒体介入考古，都取得了很好的效果，在朋友圈、考古圈子转发，吸引了很多人，大家和考古的距离也变得近了，但是，我们还是要把握好这个度，不能走偏，不能把参与公众考古的人带偏去盗墓。因为现在网络争议很多，现在发一条类似微博，它下面的评论就会分成两派，甚至吵起来。

回到泥河湾本身，遗址会给我们很多信息，我们也做过相关案例，有过相关的活动。再一个，泥河湾开展考古工作的时间很长，从1921年一直到现在。中国考古差不多都是国外专家先介入做工作的，在历程上、时间段上也都差不多，成果也很丰富。公众考古的宣传效果好，对泥河湾来说是很有参考价值的东西，再加上公众亲自参与、感同身受，可能会总结出很多的经验。这些经验对泥河湾甚至其他遗址的未来发展非常有帮助，也是未来发展的趋势。博物馆也都有宣教部，大家都可以互相借鉴。获取的经验也好，或是我们曾经参与过的一些案例也好，都要持续性地提升和推广。现在文字材料很多，但是看材料不如亲身感受，站在小长梁上感受到的壮观、震撼要比图片来得更直观和有冲击力。很多人都为没到过泥河湾而遗憾，包括我们做考古工作的这些人，都没想到中国竟然会有这样的地方，回去之后就会给亲戚朋友或者是自己的孩子讲故事。这也是一个宣传的渠道。多数人还是很珍惜这样的活动和经历，而现在的人对文化的渴求程度还是比较高的，可能也是经济发展到了一定阶段的原因。我们不需要非得组织大规模的聚会，小型活动可以进行一两天就结束，然后完全可以不间断地以其他形式举办。小型的沙龙、研讨会等都可以把公众吸引来。比如说，几个年轻的学者想召开一个小型的会议，听众可以很多，我们自己可以把要探讨的事情在会上提出来，可以留一个环节跟公众进行互动。

泥河湾研学旅行探索

研学旅行模式未来会一直持续，陶艺课程、文化体验都会和泥河湾文化相结合。

还有最重要的就是学者和学校之间的联系。学生们参与进泥河湾大都是以夏令营的形式，让他们不仅仅是待一天，可能是持续一周。在这一周的时间里面，我们每天安排一些新的任务，比如露营、打石器，或者是出去调查、找标本，或者是参与发掘，把活动安排得很紧密，相当于一个田野学校。田野学校在国外是很流行的,他们比较注重实践。我们可以分一些小组,然后进行比赛,但是我们现在还不敢去接受与触碰,因为孩子的安全等方面难以得到全面的保证。将来想做这件事情,就要面对主要负责人,或者说接洽当地政府和当地学校,以及具体的发掘工地和领队。这件事情对接过了,我们有这个想法,但没有精力去做这个事情。我们一直在想,河北师范大学有附中,也有附小,我们和校长也都比较熟,去年我们在教师的层面开展了一次活动,老师领着家长,带着孩子,一共二三十人,专门到泥河湾感受田野考古,专门给他们辟出一块地方进行发掘,那些初中生的兴趣非常浓。孩子们会不断提问题,可能通过这次的活动,就会在二十几个孩子里面培养出将来的考古人员,因为这件事情已经植入他的记忆了,可能以后看相关的纪录片,相关的文字又会想起这件事情,兴趣又增加了。

除了在工地上做一些日常的发掘工作之外,我们还联合了河北师范大学附属小学启动了泥河湾研学旅行项目。作为高校教师,教书育人才是根本任务。每年6月,我们会组织一些六年级的同学奔赴泥河湾开启研学旅行,活动结束后得到的反馈表明,在研学旅行中收获知识,在实践中提升认识的学习效果还是不错的,在青少年的心中埋下了泥河湾的种子。

学校前期在研学方面做了很多工作,通过两年多的打造,将一些课程与陶艺艺术,以及泥河湾的文化特色有效融合,尽可能丰富研学旅行的内容,让同学们走进泥河湾体会更多不同的生活。在研学前期的导研课上,首先,围绕泥河湾研学旅行目标及研学内容,通过研学手册中的项目问题,引导学生探究合作完成对泥河湾研学前期的知识储备,并让学生自主选择此次研学旅行中感兴趣的点开展探究性学习,生成自己的研究方案;其次,让学生以小组为单位,制定小组组规,按照研学过程中的活动进行相关准备。研学旅行前期导研课在学生心里播种下一颗探究的种子,激发起他们的探究欲望,让他们带着问题和思考展开研学。

作为研学老师,我全程参与了观察、采访、记录、体验等学习活动,包括：探秘泥河湾遗址群，引领学生们探访远古人类遗迹，感受"东方人类故乡"的神秘色彩；走进泥河湾博物馆，参观距今百万年前人类使用的石器及动物化石，感知泥河湾第四纪标准地层的雄阔壮观、泥河湾古湖的神奇奥秘；参观开阳古堡，了解辽金时期建筑；在石匣里体验泥河湾古人类采集制陶所用的红土，体验仿古陶器制作，效仿古人进行陶器坑烧，感受古人的智慧；在石沟遗址体验考古发掘，学生们在专业考古人员的带领下进入考古发掘的探方中进行真实发掘体验；在桑干河大峡谷体验旧石器时代古人打制石器的匠心独具；在马圈沟遗址附近体验野外定位，感受团队合作的重要性。通过沉浸式体验，学生更好地消化和吸收知识，眼界更开阔，身心更自由，内心更强大。

其实，研学活动最近几年算是比较火热，我们打造的研学旅行归来还要有回顾、思考和分享展示。通过评价展示课，师生对研学旅行前两个阶段的阶段性成果进行终期整理、总结创作，完成研学报告，思考制订成长计划。也可以召开主题交流会，畅谈研学感悟。还可以进行成果展示，展示优秀小组研学的过程或思考或收获。通过研学课程，让学生不但学到许多书本中学不到的知识，而且能在另一个时空重新认识自己，得到成长。思考和收获是研学旅行课程的价值所在，是设计这个课程的终极目标。习惯了在三尺讲台给大学生讲课以及在进行发掘的日常，同青少年一起指导研学活动，对我来说也是比较新鲜的存在，看到同学们身上的朝气、求知的欲望、泥河湾在他们心里留下的印象，对未来也会产生深深的影响。

对泥河湾未来的展望

最大的资源就是泥河湾这个宝藏。立足泥河湾，开阔眼界，同外界加深交流。

现在，各大高校都在做学科建设，考古学被纳入世界一流学科，给我们很多的机会多做工作，完成很多任务。在完成任务的过程中，我们得到了锻炼，在跟外界频繁的交流中，接触到的东西越来越多，眼界也越来越开阔。河北省目前比较重视和强调要立足于泥河湾考古建设"双一流"的高校和专业，高校也觉得想要建设"双一流"，考古可能是突破点，我们最大的资源就是泥河湾这个宝藏了。

未来，希望公众可以进一步了解田野发掘，在泥河湾待一个月、半个月，感受一下当地的风土人情，接触一下考古的环节。这样，能够更深入地了解到泥河湾考古到底是在做什么。大部分人更多的是通过书本上或是听专家讲来了解泥河湾，但是，真正地参与泥河湾考古工作，体验过当地的文化之后，再跟身边其他人讲述，就是另外一种感受了。

高文太：发现马鞍山遗址

高文太，1945年生，河北省阳原县人。农民考古技工。曾获阳原县"十大优秀农民考古技工"称号。

参与虎头梁遗址发掘工作。

开始从事考古事业

说起来，我到考古工地最早是在小学六年级的时候。我很小的时候，家里缺少劳动力，那时候，每家每户都缺粮食，我放学了就帮着家里干活儿，有时候打打下手，尽可能多干些活儿。当时我们家养了很多只兔子，所以我没事就帮忙喂兔子。家里的孩子多，兄弟五个，姐妹两个，我姐姐念了师范学校去继续读书了，弟弟们那会儿还都没念书呢。我小学六年级没读完就不念了，就在那时候接触到了考古。我退学以后就各处去帮忙，哪里需要，我就到哪里去，一直干到了十六七岁，有时候帮生产队做些活儿，但这种性质的工作也不指望多做，干起来总觉得差点儿意思，就不去了。

恰好这个时候，王择义他们来虎头梁遗址考察，我最早看见他们在野外发掘，当地人也参加了发掘。我看到之后很好奇，就和他们说，这样的"东西"我见过，我们那里有很多。王择义问我哪里有文物，让我给他弄一些，我按照记忆去找，找来了一箩筐。之后，盖培和卫奇来找我，问我哪里出化石，于是，我就带他们一起找化石。之后，这样的经历多了，我认识的标本也不断增多，慢慢地就学了很多，但其实是因为之前见过的一些记忆还存留在脑海里。

真正进入到考古工作当中要追溯到1980年，但当时从事工作也是断断续续，有时一年中有好几个月工作，有的时候一年都没有工作，没有一个连贯性和规律性。在20世纪80年代和90年代末，工作还是比较多的，不过，当时工作也没有师傅带我。我最早和王择义、盖培一起工作，学到了不少，但仍是一知半解，之后自己慢慢总结，向专家学习。我时刻提醒自己不能随便发言，要多听取其他人正确的言论和见解，慢慢学习，慢慢积累。盖培和卫奇进行考古调查，等我们调查出遗址之后再发掘。他们去看哪些遗址比较有考古价值再决定要不要开展研究。我记得发掘的时候，有一次，有人遗物放在了一起，结果被批评了。因为文物贵重，我们应该把不同探方里出土的文物分开摆放。

当年，王择义到虎头梁这边的沟里转悠。我当时不知他们来干什么，自己左手拿着割草的镰刀，右手拿着给兔子割的草，问他们："干啥呢？"他们说是中国科学院的，在找化石。我也不知道啥叫化石，就看着他们手里的东西瞟了一眼。他们拿出"土龙骨"给我看，问我见过没。我一看，说："这东西很多。下午，我给你们拿来。"我经常在外面给兔子找草，对大人来说，我是个不省心的孩子，经常东走走西转转的，去的地方多，见得也多。

那时候，我还小，也就十六七岁，就去给他们找"土龙骨"。他们看见了说挺好的，我就让他们拿着。王择义说，他们就是来找这个的，来找不同的地层。我从那以后就开始帮他们找"土龙骨"。中国科学院的专家们也经常来找他们需要的"土龙骨"。慢慢地，找这些东西也成了我的爱好，在外溜达的时候，经常会下意识地关注这些东西。

后来，中国科学院的盖培带着卫奇一起来。卫奇是搞地质的，不是搞旧石器的，也是因为这个，从那以后，他就改行搞旧石器了。最早的时候，他是和夏正楷一起来。后来，我找到姜家梁墓区，找盖培他们挖这块墓区。他说，主要搞旧石器，不是搞仰韶文化跟龙山文化阶段的。那时，这片遗址有磨制石器出土，也有打制石件出土。盖培他们挖了一片就搁下了。之后，和河北省文物研究所（今河北省文物考古研究院）的技工赵伯安、张文海又重新去探，一看是墓区，才在那里开始发掘工作。

1980年，卫奇带成胜泉到泥河湾工作，就找到我、王文全、王明堂、陈贵喜四人调查旧石器时代遗址，主要在大田洼一带进行。那年，成所长也是刚刚参加这项工作。那是我第一次见到他。在这之后，断断续续进行考古。1984年冬天，帮河北省文物研究所野外调查旧石器，发现了马鞍山和姜家梁一带的遗址。1985年，到三分沟村，是建大秦铁路发掘古墓，工程整整进行了6个月。冬天，到了唐山的爪村、迁安一带调查；快过年的时候，才回到石家庄。1986年，又到怀来县曹窑、阳原县一带开展调查。回来之后，又在桑干河的南岸——籍箕滩调查。后来，又在大田洼、岑家湾、白马营开展调查和发掘。这些项目都归河北省文物研究所管理。此外，我还参加马圈沟遗址的发掘工作。之后几年的考古工作一直断断续续地进行，并不是经常有考古发掘。1997年、1998年、1999年，基本在工地上。之后，我又和张进山（山西省考古研究所）去山西调查过一段时间，和石金鸣一起在汾河附近调查，也在冀东南，太行山西麓到山西之间考察了一段时间，之后，在山西附近又进行了一段时间考察。要是以泥河湾来说，有几年的时间是经常在那一带，尤其考察泥河湾到蔚县边界这一带比较重要的遗迹，比如说小田洼，但是，大多时候要求我们进行野外调查，不能总是在考古工地。

我一开始是在大田洼工作，就是阳原这一带的考古工地。我在这一带待的时间比较长，之后，被调到蔚县和怀来，在那里待的时间也比较长。今年，我去了一趟山东，为山东省文物考古研究所（今山东省文物考古研究院）工作。实际上，之前也去过山东枣庄进行过调查，也去过邢台等一些地方。最近这几年，基本不去外地了，一般是去蔚县做些工作。

我从事考古工作已经很久了,一辈子几乎都是跟这一行打交道。那时候,一年在外面的日子多,有时候3个月,有时候5个月,有时候七八个月,在家时间很少。以前是跟着中国科学院的专家们,他们什么时候过来,咱就什么时候跟着去。一天给开一块三毛五的工资,其中,三毛五是伙食费,基本上在谁家吃饭就给谁,一天一共挣那一块来钱也不够干什么的。在大田洼、小田洼的时候,人家给做好了饭,我们在外面跑了一天,早赶回来,坐在大队,等着人家来吆喝你:"走哇,吃饭去啊!"那我们就去吃。到了晚上,我们也不知道去哪里。人家说在哪里吃饭,就再去哪里吃饭,基本上就是这样的日常。

考古带来的成就感

最开始,来大田洼考察的中国科学院的专家、领导比较多,咱们河北省里的专家少一些。谢飞到了河北省文物研究所当副所长,他第一次来看我挖的这两个点——那也是第一次请他来看旧石器的东西,说我找到的东西比较好。其实,我比他岁数还大呢。后来,谢飞走的时候,说:"老高,你冬天没事就多跑一跑。"那也算是得到了一些肯定吧,还是挺开心的。那会儿,钱也不多,我也不记得是两块多还是三块钱了,反正一到冬天,基本上就剩我自己了。那时候,我随便跑,到处跑,看看能不能还有新的发现。

冬天,遇到下雪天气,就不能再调查了。因为那个时候没有电话和手机,一旦中断调查,只有大队能通电话取得联系,所以主要联系方式就是靠写信或发电报,还是比较传统的沟通方式,所以,天气条件不好的情况下,在外面的时间就比较少。

1985年,我在三分沟挖了6个月的汉墓,也算是跟旧石器时代考古不一样的经历吧,发掘结束之后,就立马回石家庄了。我那时候还带着一个孩子去唐山做了一段调查,就在迁安、滦县一带待了一个半月左右,回到石家庄整理了两天的时间，等到放假快过年的时候，才回到张家口这边。

1986年，我主要在怀来沙城、丰沙线（丰宁—沙城）这一带，还有官厅水库等地做些调查，前期工作做了挺多，但是后来基本上就没人再来复查这些地点了。到了1988年，石金鸣来实习，我和石金鸣发掘板井子遗址。1988年，和石金鸣有了前期的合作经验，再开始进行发掘就比较熟悉了。1987年和1989年，调查河南一带，石金鸣发掘板井子结束走了以后，我又带了俩人挖了籍箕滩遗址，籍箕滩遗址的发掘工作停下以后，谢飞说再给我1000块钱，让我继续把工作往下做。那时候，1000块钱跟现在可不一样，那是很大金额，很多钱了。

当时，他说："老高，我给你1000块钱，你在那儿雇一些民工再挖挖，挖彻底。"其实，每次谢飞跟我说让我带队做工作，我都觉得是对我的肯定。后来，我跟县里的李金海一起雇民工开始发掘籍箕滩遗址，挖了好几个探方，工作进程总体还可以。我们挖完籍箕滩遗址以后，没过多久，又去新庙庄挖了一次。那时候，白瑞安在化稍营工作站，他给民工开工资，正好就在一起共事了。

有对考古的热爱，也有家庭的负担

从那以后，我们就开始四处搞调查，调查结束以后，就去单位整理。单位一天会给几块钱的补助，平时就在单位吃饭，到了礼拜天，单位没人做饭，就需要到外面去吃。那时候，挣的工资基本就是吃饭和抽烟。如果在单位吃，一天只能剩5块钱，一月是150块钱。那时候，正好赶上单位要签劳动合同。谢飞跟我说，要是签合同的话，工资可能比这个还低，因为还有其他的费用，当时，我家里还有两个孩子在上学，开销比较大，最开始跟家里承诺每个月往回拿几百块钱，现在这最多才150块钱，远远不够。签劳动合同虽然稳定了，但只能维持我自己一个人的开销，家里的负担就很重了，作为男人没办法养家也不行。思考了半天，想想还是不能签劳动合同，哪怕是去野外跑一跑，更辛苦一点儿，我都不怕，补助多一点儿，收入多点儿，就能帮家里减少一点儿负担。

这样辛苦地坚持了几年，后来，我孩子初中毕了业以后就不念书了。当时正好在岑家湾，谢局长就问我家里的情况，想让孩子跟我一块儿干考古。我当时想了想，当初选择考古，在面临家庭和工作的矛盾时有点儿后悔，工地上有活儿了就出来干，没活儿了就让我回家，要是让我儿子学这个以后工作不稳定，怎么养家啊？我不好推辞，就说："孩子不想学这个，要是让他学就给他找点儿长期活儿。"结果，谢飞满口答应，要给他订个合同。我说，你给他订合同行，我一分钱不指望他，但是得要找能干的、长远的活。长远的活儿就是搞钻探，配合基建做的一些专门的探查。后来，孩子去了3年就不去了，其实，我也不指望他再去，在考古这里学点技术就行了。他去了3年以后，第四年定婚了，挣的这些钱养活自己好像还可以，养家就不够了，紧赶慢赶用之前积攒的钱先订婚，结婚时候，孩子都好几个月了。等到第四年，就不去做考古工作了，毕竟那些补助不够生活，就改行在面铺卖粮食，但是生意也不景气。第四年订了劳动合同以后，工作算稳定了，但为了孩子生下小孩以后能维持生活，还是需要很多的收入才行，我就断断续续地看哪里需要人，就去哪里干活。像是侯家窑、马圈沟，需要挖掘，我就去报到。那会儿在雀儿沟、马鞍山、大西梁跟梅惠杰、李珺合作，我们合作了四五年。打心里说，我喜欢考古，但是生活的负担也很重。

调查成为一种习惯

在泥河湾这边，我觉得自己身边到处都是石器、化石，我从小就见这些东西，觉得亲切。我一个人出去，随便捡一点儿石头或者石器，就有可能直接发现了遗址。等到省里或者北京来人了，我就告诉他们，我发现了哪里，到哪里去看看，一般都没有错。时间久了，遇见下雨了家里不用干活的时候，就借着下雨的天气去外面到处看看。没有任务，调查起来比较随意，走到哪里就看到哪里，都快成职业病了，没事的时候就想去沟里看看，有事的时候也老惦记着我该去哪里看看，或者之前看过的地方过了一段时间应该再回去看看。要是去看的地方被雨淋了，被风吹了，塌方了，被冲了，我都默默地记在心里。慢慢地，爱好就变成了我生活的一种习惯。那时候，也不管是不是赚钱了，反正就是人不在遗址上，就全身不舒服，就算没有钱，我也想在这儿待着。

走到遗址的时候，有时候能捡到东西，捡到了就做个记号，把标本往袋子里装，写上日期和时间，做好记录，要是有墓葬、陶片，还是石制品，是在地面，还是在黄土层里面都要写清楚，标记清楚。没有外在的要求，但我就是想去做这个事情，一天不做考古相关的事，就全身难受。

谁的发现？

马圈沟遗址的马头化石是谁发现的，我记不清了，可能是白日有吧。当时，白日有赶着车去拉马头，走到沙河就进不去了。白日有到了马圈沟，说这里头有这东西，他那时不是民工，就叫他雇人去拉这马头。他们把在这儿找到的东西带了几片回去，让我和白瑞安、李珺看看这些东西到底是什么。我们几个看完以后立马问在哪里，觉得应该是个发现，就都跟着一起过去看。到了那边之后，在发现石器的地点试着刨刨土，没想到，轻轻地刨一下就有石器。既然这样，我们就继续找地层，看看这些石器是从哪里掉下来的，确定好地层的位置，才能知道相关的线索。后来询问的时候，才知道是白日有发现的线索。

马圈沟一区半壁上是我和李珺、白瑞安一起发掘的。当时，我们找了一些地层确认了石器，就开始发掘。其实，很多工地都是一样的，不管是谁发现的，大家都是为了考古工作在做贡献，就算是我发现的点，以后说成是别人发现的也没有关系，都是外在的东西，真的能为考古做出成绩，才是我们追求的目标。

发掘马圈沟的时候，有很多媒体和记者都来这边参观和采访，在那一年还挺轰动，都上新闻了。当时，还正在发掘中，很多人就来参观。大家都说，县里的领导来了。我当时也去参观了一下，还顺道去岑家湾看了一眼。大家都传说，所长去了，新闻记者也去了，有大发现了。其实，那一层发掘出来以后，就没怎么再动工了，一拨又一拨的人去那儿看遗址。等到收工的时候，天都特别黑了，拍照片做记录都挺困难的。最后，挖到大象的遗迹，也算是有了收获。遗址上面是一区、二区，在底下挖的坑是三区，坑底下一直出水。我记得我穿的是雨鞋，下去画底下沟的剖面图，底下有沙漩的沙窝，遗址就变成一块一块的，特别不方便活动。我画完图以后，他们用塑料薄膜进行覆盖，做好后期的保护工作。其实，他们前期在马圈沟这里发掘了很长时间也没有找到什么。调查发现这种事还挺奇怪的，有时候怎么找都没有，有时候另外来一个人一找就找到了。

那段时间，我们在外面发掘，有的时候在马圈沟这里发掘，地层里面有一层出土了很多东西，最上面那一层有犀牛牙等很多化石，不仅在马圈沟这一层，在上面最早发现的人其实是王文全。王文全住在东谷坨，他带着他们村里的一个小徒弟做调查。那天，小徒弟不想在工地待着，想要回家，王文全就带着孩子请假回家了。这种情况下，小孩儿出去瞎溜达，在半山腰的地方发现了标本。其实，卫奇和成胜泉之前在这儿做过发掘工作，我当时也在那里。这种事情怎么说呢，好多地方都是这样，最开始谁发现的和最终是谁负责的都不一样。不管是谁都没有关系，我们做调查的也不太在意。

那段时间，大家都是跟着卫奇一起做事。最早发现半山的时候，我在岑家湾跟三毛（陈贵喜）一组。本来三毛是属于虎头梁组的，但当时有发现了，就叫着我们一起过去，到了工地以后才发现出土了很多东西，有化石，有石片。当时，还有好多美国人，其中有位克拉克先生，还有几个女的，几个男的，克拉克这名字我不知道是不是准确，70多岁的老人还挺精神，到现场看过以后挺满意。之前卫奇承诺谁发现好的遗址就奖励四五十块钱。四五十块钱在当时很多了。大家到了现场一看都给了好评，卫奇也说挺好的。王文全一看情况，直接说："之前说的奖励，啥时候兑现啊。"卫奇当场就给了40块钱让他跟那个孩子分。卫奇做事看着就痛快，之前的承诺直接就兑现了，我们心里更有动力了，其实不是钱的事，是做的这件事情被肯定了。

后来，我们跟美国人一块去看。他们背着大牛皮包，一看就是搞地质的人，看着很专业。其间有一件特逗的事：我们在那待久了有些口渴，大家在野外找不到能喝的水，我比较熟悉这边，就去东谷坨的泉眼取水，他们在杏树底下坐着等我拿水回来。当时，给了我一顶草帽，我就拿着草帽摘了一帽子的杏，直接拿回到树底下，但是，他们不敢吃，一个怕有药，另一个也说不出来明确的原因，就是很担心的样子。到了中午的时候，他们把那几个大牛皮包拿出来往地上铺，兜里带着刀子、剪子，塑料筒装着鸡蛋，谁想吃就给一颗，还有大火腿、面包，往垫子上一放再切，他们把黄瓜片、火腿夹在一起，自己吃自己的，吃的东西跟现在的汉堡包差不多，当时觉得挺新奇的。大家在野外吃完东西以后休息一会儿再继续下午的工作。跟我们一起的美国女孩穿着翻毛皮鞋。张家口的天气那时候特别热，但她们工作服穿的牛仔裤，特别大的背包里面装着乱七八糟很多工具，还有一些食物和水，我看着都热，想着帮她背包减轻一点儿负担，人家也不用，都自己背，跟着我们一起搞调查也不喊辛苦。

当时，发掘籍箕滩和马家窑遗址，我也有参与，但具体的事记不清了。籍箕滩遗址当时是我发现的，也参加了发掘，遗址那儿没有别人参与发掘，有人去了一回就挖了一回，之后就没有再参与挖掘。马鞍山那里也是我发现的，我当时也是就去了一回，挖了一回。之后，梅惠杰和王幼平也参与了进来。前几年，我在怀来跟石存平（技工）一起调查，我调查完就回来了，而他在筹备工作。回来之后，关莹在马鞍山叫我去帮忙，我一共待了9天，把家里的事也先搁下了。第一天上午回来，紧接着，下午就去了。第二天，又有人打电话来，问我什么时候开工，让我去看看需要添置些什么东西。下午，我去买了些盒尺、角度剪之类的用具。待了9天之后，我又回来待了一个月。当时，家里秋收，叫我去，我一直拖到在工地挖到文化层的时候才回家，收完秋后，发掘工作已经结束了。

泥河湾这边的地层，我基本上都去过，但其实挖了这么多，泥河湾印象深刻的没什么。我跟梅惠杰在马圈沟、岑家湾挖了两三年，在于家沟挖了3年。当时，成所长也在，梅惠杰在底下挖，我和谢局长那时也在，大家在一起前后一个多月。我那时候带着一些农民工，我负责指挥谁挖哪个墓葬、怎么挖、怎么清理、工地要多少人、每天要多少车之类。谢局长那会儿还说："要是你是总负责，就连要多少民工、谁挖得好谁挖得不好，你都得负责。"我一直都还记得他说的话，记到现在了。

去三峡的经历

1993年，我去三峡做调查。第一次去的时候，还是跟中国科学院专家一起从湖北宜昌下车，刚开始往西边跑，巴东、秭归、云阳那一带。那边的石器体积都比较大，挖出来的大都是砍砸器，跟咱们这边不太一样，咱们这边的石器普遍都比较小，都是小石器，也有大石核。它们不是一个时期的，看这些主要是看是哪个时期的。上面顶部的细石器、细石叶是距今2万年到1万年的，还有5万年到3万年的，那些就不是一个地层了，到底下还有10万年到8万年的。我在雀儿沟跟梅惠杰一块儿的时候，用我的业余时间先调查出来。当年，他们来西水地发掘，我跟谢飞说："你看看标本，有砂岩制的，有石英制的，这里化石多，石器少。"那天下雨，民工都没上班，谢飞说：

"老高，咱去看看你发现的那个点儿去！"我们两个就一起去了，别看那是薄薄的一层，可是却挖出了化石。谢飞说："老高，这就是石英制品，都是人类打过的。老高，你就负责开方，让小梅帮你，帮你绘图，底下10厘米可以做两层。"

虎头梁这一带的有10万年历史的遗址就一处，雀儿沟这一处是10万年，剩下的最多是5万年到3万年。挖掘的情况都挺好的，我组织挖掘，梅惠杰绘图。我们两个配合得还不错，虽然说不上天衣无缝，但也算得上是默契搭档了。我跟梅惠杰一起工作了很长时间，一面开工的同时又有好几处同时进行，挖了20多天收获颇丰。在雀儿沟挖掘点，我们挖掘出了獾、中华鼢鼠的牙齿以及羊和马的肋骨。

在泥河湾这一带，我们发现过很多动物牙齿，在大西梁这个地方挖的最多，后来改名成梅沟了。还有一个地方让一位叫杜水生的大学生参与调查，在附近发现了3枚动物牙齿。马鞍山有一个叫齐家梁湾的地方，我也挖过。还有一个叫籍箕滩的地方好像有六个文化层，我也不太清楚。

从事这么长时间的发掘工作，荣誉也不敢说获得过，就是在2005年的时候，获得阳原县"十大优秀农民考古技工"称号，还发了1000块钱，发了证书。我发掘过最好的东西就属在马鞍山、大西梁这一带发现的细石核了。

这么多年，印象深刻的人不少，其中一个就是贾兰坡。贾兰坡刚到我们这儿看遗址时已经上了年纪，他没有跟我们多说过话。贾老是前辈，没多唠过别的事，前面那么多专家陪着，也轮不到咱们说话。

我记得我在调查东沙沟村南这一带的时候在化稍营住，当时有很多研究地质、研究旧石器和研究化石的专家们在，领导让我去拿虎的下颌骨，我高高兴兴就去拿了。骨头拿过去，卫奇当时说让专家们看看，鉴定一下到底是什么化石。人家看了看，跟我们说："你们说是什么化石？"大家都说是虎的，我多说了一句，说这是虎的下颌骨，人家又提问是什么虎，我们几个人面面相觑，谁也说不出来。一开始，他们有人说是剑齿虎，也有人说是一般的虎。人家又说："我上次来给你们讲座提到过，要是剑齿虎，肯定是一个牙有短齿，一般的虎没有。你们再好好看看。"老教授说话做事跟我们肯定不一样，有理有据，让人信服，咱们跟人家也没有多少接触。

不过，跟卫奇他们接触很多。裴文中也来过咱们这边，但是我没见过裴老本人。我见得最早的是王择义，也就见了一回。见了王健好几次，我去山西省考古研究所每次都能碰见他，他有个小儿子叫王益人，也来过。王健和我去山西，我们一起在山西做调查。我从晋东南出发走偏关，他到河津、汾河又路过祁县到了侯马、滹沱河，最后去繁峙。我们调查到五台，从晋东南长治、高平、新水那一带进城。这一带，包括大同在内全都去过。

我们去陕北的时候，是社科院的王小庆负责的。我帮他跑了龙王辿。我在龙王辿一个叫延川的地方待了一段时间，发现的东西比其他地方相对好一些。当时，吉林大学教授陈雍在天津，我拿标本给他看了看，东西还挺好。他后来到天津博物馆，说天津有旧石器就叫我过去。我当时带了个徒弟叫武进何，当时刚刚学习这方面的知识。武进何那时候跟我做伴，学习也认真，也是他后来发现了十五六个有地层的遗址。有本关于天津发掘的书，整本书上写的东西都是我发现的，当时的情况是我告诉他们，他们把地点记录下来。那次前前后后去了50多天，不到两个月，时间也算比较久了。

人都是有脾气的

1972年的时候，盖培和卫奇发现了一件有人工打制痕迹的石制品，当时也没觉得有多么重要，但是这个发现激起了很多人对泥河湾的向往。很多人觉得可能有古代人的遗迹，不过到后来证明那是晚期的。对于这个事情，我想说，我刚刚参加工作的时候，对旧石器一知半解就开始挖于家沟。在于家沟挖掘的时候，上层已经挖出磨制石器了。当时这件事让我喜出望外，结果却被训斥了一顿，我说是石器，是磨制的老物件，但是盖培却非常生气地跟我说："从哪儿弄来的？我挖的是旧石器。"我说，我管你是旧石器还是磨制石器，挖到什么就是什么。没想到他一把把东西抢过去，说："扔了！我研究的是旧石器，你给我挖出磨制石器就不行！"然后更生气了。我试图劝他，说它里面有磨制石器就是磨制石器，有陶片就是陶片，有碗片就是碗片，有啥就是啥。你是研究科学的，怎么这么糊涂呢？磨制石器就一定是差的吗？你认为磨制石器没有用，我认为这恰恰说明了挖出磨制石器的这上上下下几层哪层都建造过房屋，后来也有人类居住，出现了新石器，那顺着这条线索向下挖肯定能出现旧石器。可是，他脾气倔得很，还跟我置气，没有听我的劝，还是把标本扔了，后来这个地方就停止了挖掘工作。

1997年的时候，又重新开始挖这里。谢飞跟我说："老高，咱们原来跟着中国科学院挖的这里，再开一方会不会有文物？"我说，要是有咱们就要面积大一点儿。他又问我："老高，你们那时挖出过磨制石器吗？"我说的确挖出过，现在再挖，如果面积往外扩大，我不敢肯定能不能再挖出磨制石器。他担心会推翻当时盖培的说法，其实，我不管推翻不推翻，坚持有啥就是有啥，没有就是没有。他说旧石器里面没有磨制的东西，我说有，后来也挖出来了。之后，在于家沟挖出了一些体积很大的磨棒、磨盘。黑土层挖完以后，又出土了细石核，还有相当多的细石叶、鸵鸟蛋皮之类，跟在爪村发现的鸵鸟蛋皮差不多。

以后又挖了挖，还是旧石器时代晚期的东西，有细石核、细石叶，后来出土一块陶片。那时候，邓聪来我这里住了很长时间。邓聪是从香港来的，水平很高。以后，我和中国科学院的工作人员说邓聪水平挺高，讲的东西挺好，中国科学院的人觉得不太好。后来，邓聪拿着陶片去做鉴定，结果出来是1万年前的。但是那时候不这么想，不管是研究新石器的时候，还是后来我们做文物普查的时候，如果发现磨制的东西，基本上都是晚期的，如果是发现陶片，那就算是早期，也就是距今8000年左右，但是它要是上限达到1万年，就属于旧石器了，那现在发掘出来的陶片有1.1万年的属于什么？概念就完全不一样，因为8000年和1.1万年的差距其实很大。

盖培在工地停止发掘工作以后，又在别的地点进行了扩大发掘。我们在原来发掘的基础上继续向外扩展。原来就是这样开方，现在又扩大了。之前写过的虎头梁的细石器、楔形石核都和日本的一模一样。那时候写文章，坚持没有新石器，但是发掘出新石器的东西就不知道怎么说了。刚开始，我们在于家沟上层地层发掘的时候就说没有磨制石器，但是后来扩方发掘以后还是有所发现。上面的黑土层已经逐渐出完土了，在属于新石器那层的地层发掘的时候，又开始破坏。那时候，跟着盖培发掘，有磨制的石器，但是他给扔了，再扩方就没再发现了。跟盖培发掘的时候就发现这么一件石器。

后来，我不跟盖培一起发掘了。那边停工以后，又再继续往外扩，也没有发现。之后，停工了好几年时间。还是谢飞和梅惠杰计划着再看看，我们又开始做这块儿的工作，在里面又挖出了磨盘、磨棒，在黑土的下层出石器的地点又挖出了陶片。

其实，当时盖培是和我生气才把磨制石器给扔了："我搞的旧石器，你给我从哪儿弄来磨制东西。"之后那段时间，也没再发现。我们当时的发掘跟其他的也有点区别，以"从上往下刨，只管刨不打土块，拣出里面的东西"为原则。本来，我也没注意，不管是陶片、磨制石器在这里发掘出来了，其实，他那时候的目标就只有旧石器。

其他的趣事

七马坊这儿有个地方叫鬼门关。我和当地一个懂文化的老师做发掘，打了两个探沟，留了一个隔梁，这边一个，那边一个。另外，还雇了两个民工负责看守和发掘。那时候，就让拿个铁锹、镐头，没有袋子，也没有其他工具，民工发掘半天，也挖出不少东西。那个老师让把东西集中起来慢慢收拾，但是没有装东西的工具，他直接就倒在了袄上，然后拿着自己的衣服兜了一兜石片回去。我当时还想，这老师虽然不嫌弃直接抱走，但是两边方出来的东西都混在一块了啊。别人说他，我也说他，不让放在一起，在各自的探方出土的就放在各自探方，如果像他这样非要放在一起，分不开了，后期分类研究的时候就很麻烦。他负责往回收拾东西，就拿大袄全都给兜起来了，两方出土的标本混在一起，工作人员就让他往外分类，那就只能凭着记忆挑出来，光顾着激动没想科学采集的事，结果把大家折腾得够呛。出现了这些问题，以后的工作就会多注意这些细节。

我们后期给中国科学院做发掘都是非常细致的，从上面一直取到文化层，从文化层到探方里，刨15厘米、16厘米或者20厘米，再拿小铲慢慢做细致活，一块一块地清理，有了就拣出来。反正不管探方有多大的面积，都是这里面的层，今天做完一层，明天再做一层，不管多少厘米、多长时间，都是这一堆东西，最后再打包回去，都是到底部就没有了，一共就这么多。有时候，出土比较好的石器就会琢磨是怎么打制的，细石核和细石叶，还有品相比较好的石片放在一起，不好的放在一起。

从那以后，我再发掘籍箕滩遗址，基本上都是人工发掘10厘米，10厘米只是那时候照相用，不照相都是一米一米地发掘。这样的话，在米格纸上标注的花花点点汇合了，10厘米这一层画一张平面图，再向下10厘米再画下一层的平面图，所有出土的石器全部标注清楚，一共几片就标出几片，再注明编号，第几天发掘到了第几层，也清楚明白地记录下来。后来，绘图这一块越做越高级，前几年是水平测绘，到了这几年是用全站仪测绘，一个探方发掘完，处理平整以后再一件一件地在电脑上绘图，有时候这边出现一件，另外一边就标注好了，取出一件标注一件。领队都会有自己的要求，跟着谁干就听谁的。

挖马圈沟的时候，我一直因为各种原因断断续续，在人家那儿挖了好几年都到不了底。承包给当地的民工做工程，给多少钱，他们就挖多深。一开始，这不属于文化层的土很厚，那年往下清3米，下一年，又挖了3米才到文化层。挖到文化层以后，就拿着小铲慢慢地发掘。我有时候下一年可能都不来这个工地，都调到别的工地去了，有时候，上头的也没做，下头的就轮不到你了，或者又到马圈沟遗址发掘去了，不是固定地一直就在某一个地方挖，所有的工作都要听领导的调配。虽然这样特别不容易形成一个完整的发掘，不过也是没有办法的事情，很多事情，我们没有决策权，配合完成工作就可以了。

下沙沟地区的考古工作

泥河湾村有个天主教堂，最早在20世纪20年代，经常会有一些外国专家过来这边做调查工作，他们大多数时候住在教堂那边。桑志华（Emile Licent）、巴尔博（George Brown Barbour）等一行人开始的时候捡到过化石。他们就跟老乡们打听，说我们这边的人透露这里有化石，听到消息以后，开始到泥河湾进行考古工作。文森特（Ernest Vincent）一边调查一边在遗址巡视，还捡了很多"东西"给桑志华。20世纪80年代，中国科学院的卫奇可能查了资料后和我们说这儿有化石，我们是听人家的命令才开始进行考古工作。那时，反正是公家叫我们出去干活儿，有外国专家的话，一捡到东西都得给专家看看是啥东西。毕竟，我们当时是给人家工作，不管是好的东西，还是不好的东西，都要捡起来上交。

后来，我们在下沙沟地区活动过一段时间。我去调查过那边的遗址，发现那边底下的地层挺老，从上到下有黄沙层、砂砾层等好几种地层，一直延伸到泥河湾的底部，有很多化石在文化层里，位置上离板井子不算太远。泥河湾这里也有化石，实际它们都在上层呢，板井子年代大概是距今7.8万年，化石有在砾石层的，有在黄沙层的，有在灰绿土里头的。在板井子，我去了好几个地点进行调查。除了他们1984年以前发现的点，最近又在这里调查发现了好多新的地点，但实际上，最早发现这里的并不是我们。

那地层里面大多数都是马牙、犀牛骨骼，我挖出过一堆，其中有完整的、半个的马牙，也挖出过小犀牛的下颌骨等各式各样的动物骨骼。我在那里开了好几个探方一起进行发掘工作，有3平方米的、5平方米的、十几平方米的，很多探方都是斜坡，再往外就是一两平方米，一看到探方最下面，可能越发掘面积越大。谢飞来了以后，我们又和石金鸣在附近的位置开了更大面积的十几平方米的探方进行工作。1988年的时候，有专家来询问事宜，石金鸣被派去那里接受提问，因为在具体的工作中，是我和他一起在那里挖的。他就问我说："老高，专家问答，你说我会不会被考住？"我说，那还能被考住？其实，我也是说笑话，万一到时候真考住你了，你就想办法解答，咱们这么多年南征北战，到最后关头拉上老兄一把，你怎么能一下子就被人家考住了？要对自己有信心！

后来，他被分到山西省考古研究所了，还邀请我："老高，来山西调查吧！"既然他邀请我，那我就到山西，把山西走遍了。正常情况下，我们做调查工作其实只负责调查，不会额外负责发掘的事情，我大多数情况也不参与发掘工作。一般不在省里的情况下不往工地里边去。通常只是发现了地点就进行交接，发掘不是我的事。我跟李罡过去调查了一些应该我挖的地点，地层下的地点就有5处，地表上面的有十来处属于咱发掘的范围内。发现以后的工作就留给山西考古人员去做。发掘的工作大多数时候都不需要我，也轮不上我，要是说某一个发现的点特别好，有很多的标本或者地层清晰，有可能就发掘了。之前在天津发现的太子陵，也没参与发掘。不仅是我，王文全技术也很高，经常跑野外做调查工作，辨识东西的经验也丰富。我有时候挺佩服他的，也经常和他一起去外面做调查，但是，涉及发掘的工作，或者剖面图的绘制，石器的加工打制，如何看石器的打击点，他都是不管的，他擅长的领域就是发现标本、寻找地层，看剖面、铲地层还是很拿手的。泥河湾这里有他发现发掘的遗址，在半山、东谷坨遗址，也是卫奇最早挖的遗址，都是他发现的。

然后，我给你们讲讲"玉猪龙"的故事，就是我搞调查发现姜家梁遗址的过程。刚开始，卫奇和盖培不承认旧石器地点，可是才挖掘了一片地方，就发现了两个大石核，让卫奇给拿走了。我认为这是个遗址。他那会儿搞旧石器，对这个不感兴趣，结果天津大学搞旧石器的实习生很感兴趣。后来，我在那里发现磨制像牛绳头一样的石器，磨得特别光溜。我从土里取出，就给天津大学的实习生拿走了。后来，天津大学发表相关的文章称，遗址地区有磨制石器。看到发表的结果，中国科学院着急了，又派人去挖，挖出好多陶罐、几颗人头，还有磨制的标本，说是和尚坟。我跟谢飞说，这儿早就已经发现了，但早期盖培他们不承认，我把我发现的成果给了天津大学就发表了。省里安排了赵伯安、张文海、白瑞安几个人跟我一起住在我家里探这里的墓区。白瑞安那会儿是河北省化稍营工作站的人，属于泥河湾工作站。我们就在这儿探了半个月，探了一个墓。最开始的墓群是以后发表说属于仰韶文化、龙山文化过渡时期，一批蒙古人过来主要居住在这儿生活，是一个生活遗址。上面有房子，有墓葬，打破了房子里面有磨制石片的说法。房子塌了以后，上面又埋着龙山文化，所以是两期遗址——仰韶文化和龙山文化的过渡时期。它那时候都是屈肢葬，有4个人、3个人、2个人、1个人的墓穴。合葬最多是4个人，3个区总共是挖出70多具骨架。最后挖到那里，我们还发现了陶罐，但大多数都烂了，没有完整的。在里面挖出了玉猪龙。我跟李珺那个时候不在，当时有几个民工和我儿子在那里，他们看我儿子拿起来玉猪龙，喊李队长来看看，他们两人就先看了，李珺来了以后，结果一拿一看就赶紧打电话汇报这件事。然后，玉猪龙就被锁进办公室的桌子里了，谁也不能看，一直有人值班看着。最后，带着省里的人来录像，前前后后来了好几拨人。白日有那次也跟着来了，让我们想办法按照书里面的图做一个玉猪龙，可以拿木头割，也可以拿白蜡烛、红蜡烛往外画，用瓶盖的圆形倒出原膜，拿竹扦打上眼，拿勺子挖一挖。简单地做出以后，就假装从遗址里面往外清理，录像的人就在旁边录着，像是刚刚在发掘的样子。我们还要配着一些台词给电视台录制，模仿刚刚出土的状态。

  墓群清理完了以后没再往下挖，深处就不能往下挖了。因为墓的轮廓在地平面看起来就像一个个格子，做的有3米×3米的隔梁，铲除以后把轮廓一画，铲好以后还有黑土，还有二层台。二层台留下做这个墓，墓做了以后，把骨架搁好，罐搁好，绘图、照相后往外一取，寻出这面到了生土，就不做了。

  李珺原来在河北省文物研究所，记不清是哪个处室的主任了，后来调去了山西，他这会儿在考古系教历史和旧石器。咱们泥河湾这一片的遗址，在参与的时候中间有那么几天或者一两个月不在也没事，就是经历了开始又经历了完工，中间可能有时候会去。挖岑家湾遗址的时候是由李珺组织的，文化层上面是黄土层，下面就是灰绿土层，灰绿土层只是薄薄一层，但是挖出以后，拼好的概率相当高，能拼上30%—40%，是我在石家庄跟白日有合拼的。那会儿都是用的水平仪测量再进行发掘，要求挺高。泥河湾动物群里头有丁氏鼢鼠，我们都说不清楚哪个遗址里挖到鼢鼠了，最多是挖出一些下颌骨，通常发现两颗门牙的情况比较多，完整骨骼相对较少。以前进行考古发掘，虽然有成果后也撰写报告，但是没有现在规范化、科学化，早期进行考古发掘的部门非常多，在发掘过程中容易把上层和下层弄混，即使头衔比较大，但发掘成果可能也不是很确切。一个探方20平方米，如果布方不准确，这方和另一方有可能出现错位，这一方位置挪几厘米，已经被发掘出来的标本可能已经混在土层里面了。但是上下层混合不了，尽量在发掘过程中把好的标本往外挑。如果出现错位情况，标本是哪个地点出土的就没有科学依据，最起码要有发掘的过程，现在考古队挖的是什么年代，上面标本和下面标本是否匹配，还有年代距离是否符合逻辑都是需要考量的问题。有可能马兰黄土上层的新石器、细石器、细石叶，可是中间又一层地层，如果其他的地层明显不错位，假如说是1万年，可以到3万年。

走过的足迹，有难忘也有失落

这么多年来，天津、陕西、山西、河南、湖北、四川等地，我都去过。李珺整天和我们到处考察，搞野外调查，经常背上书包跑一天，每天熬到晚上十一点半才能结束。夏天的天气热得受不了，更别提经常在学校读书、没吃过什么苦的孩子们了。考古工作不仅要吃苦，而且难以得到父母的理解，家里好不容易供出个大学生，哪里愿意让他们受这些罪，但是，我们要明白，这只是暂时的，万事开头难。我和来实习的学生们经常一起工作，他们的付出，他们吃的苦，我都是看在眼里的，后来也有当了所长的、当办公室主任的，当老师的就更多了。李珺虽然好几年没有来这里实地发掘了，但是确实在这里学到了很多的东西，学习之后，对考研究生、出国留学都有助益，后来还做了教授。所以说，不能只看见实习的苦，实习要是不苦，哪里能学到东西，实践出真知，凡事不要怕苦，有苦才有甜，努力实践吃点儿苦不算什么，起码你读研会方便许多，因为有了野外考古知识，论文写作也会有素材。

再说说天津的事。陈雍之前想寻找旧石器遗址，但是他没有目标，就跟谢飞商量想找找目标。那么大的天津野外荒滩，去哪里找？从哪里开始？这是个大问题。谢飞说，我给你介绍个人，从阳原调来的一位技能过硬的技工，也是搞旧石器的。那个时候，就我一个人，又带了个徒弟，他啥也不懂。不过，我俩去天津调查运气很好，出去第二天，就在太子陵那里发现了细石核、楔形石核。既然有细石核，那就必然会有细石叶。虽然当时没有找到，但是坚持找下去，标本肯定能找到。后来，在天津发现的东西挺多，慢慢又发现了大石核、打制的大块鹅卵石，还有小石核。后来，大家都回去了，我和武进何两个人继续调查，住农家院和旅店，身上天天背着考古专用的大包，从早到晚，中午也不回去，十分辛苦。武进何没有经历过这种事情，在家里到点吃饭，没受过饿，更没吃过苦，觉得很不习惯，但是，我早就习惯了野外调查的生活，早晨多吃点儿饭，中午不吃也不饿，下午就在旅店凑合凑合。第三天的时候，小武这孩子找不到了，我们当时着急坏了，人家家长把孩子交给我们，但孩子丢了，我们得负责啊！本来小武在我后面走，我先进这个沟，让他在沟旁边等我，等我进去这个沟再出来就看不见了，我四处找也找不到他。

后来才知道，武进何提前回旅店去了。我回去的时候，他已经在旅店了。我还挺生气，就问他怎么回来了不给我说一声，让我这么担心，他就表现得挺委屈，但也没说话。等到晚上脱衣服把脚底板露出来，我才看到孩子脚上都是水泡，我赶紧找了针把水泡戳破，把水挤了出来。这么多年的工作积累，我是习惯了，一天走多少路、吃不吃饭的都无所谓，能挺住。有时候，即使不喝水也行，碰见水就喝点儿，碰不见就算了，带着一瓶矿泉水，喝完就完事，甚至有时候还能剩下，别人出去一次少说也得带三瓶水，那都不够喝。但武进何这孩子就不一样了，没受过那苦，走着走着就没劲了。最后，我们调查时发现十五六个地点，武进何还是什么也不懂，叫别人随便找来几块石头疙瘩看看，也不知道石头是什么，处理得十分随意。最后，吉大教授、李珺、任亚珊这些老师来了之后一看标本，发现都是作了登记的，就赶紧找回来小武的那些石头，办公桌上一行一行的，都摆不下。他出去调查说，咱们寻找的大石核最大的有8斤。大家都以为这么大的石核很好找，事实上很不好找，找这么大一块大石核，足有8斤重，得用车拉回来。我出去调查，一天包括调查再加上其他的事，碰见七八斤的大石核，我常背着，有些东西就带不了，我只选择性地拣一些看起来比较好的标本，有波纹、放射线状的石片，把拣好的标本说明是哪个地点的东西就行了。后来，天津那边出了一本书，我也见过这本书，但是，我没有全部看完，书的内容是关于天津的旧石器，说是听一个阳原的民工提供的线索，但是没有人相信，只有我们可以证明。我们就在那里默默无闻，就像一颗颗螺丝钉。咱就是幕后的工作，但是哪儿也缺少不了咱们。他那写作就仗着咱给他提供的线索，不给他提供，我不去天津，那本书也没有素材能写，我觉得他们不能这样写，起码得把我们的名字署上。谢飞发掘都写上了，哪里都填写一部分，比如籍箕滩、雀儿沟、新庙庄别人根本没有，咱连点儿功劳也没有，最后，一出书，说是人家发现的，我没有参与，这个就有点儿失落。

还有一次挺失落的，是因为工资的事。每次我们出去调查都是不一样的，给的工资有高有低，有时候不谈工钱，去了说给多少就是多少。河南也没说工资，等都到那里去了，他们拿50块钱，我拿55块钱，除此之外，还能管吃管住。原来那会儿下去都是50块钱。汪松枝带队，张松林是所长，一看我们去了有点儿看不起，我们就一会儿给他发现一个，一会儿给他发现一点儿。以后，我叫张松林所长挖挖去，他也是外行，拿大镐去，弄得乱七八糟。汪松枝最后一看我们挺辛苦，就跟张松林说，给那姓高的一天加5块钱，就给了我55块钱。我领着胡忠，他对大家发工资不一样有点儿异议。我说，活儿都是这样的，55块钱是他们给的，我没和人家要过，人家要给你55块钱，我也没意见，但是我可以给你争取争取，公家钱开工资，我又不是嫌你们跟我一样挣公家的钱，技术好都是应该的。你们寻不到东西，我寻到了，我不能说，我寻到了多给我钱，他们寻不到别给他们，我不是这个意思，都是为了养家糊口出来挣这点儿钱，人家给是公家的钱，也不是花我的钱。为什么这么说呢，我把你带出来的，你嫌少你可以回去，他就是给我55块钱，给我60块钱，你要回去，我还得陪着你回去，我不是单单只为了挣55块钱。

如果大家都同意，我就明天和他说去，咱们跑不了。胡忠他们嫌工资少，你要是加薪人家就接着干，要是不能加钱，人家就准备回去了。我跟张松林、汪松枝说了，我说，还是叫老胡回来，你不给他加这5块钱，老胡就要走了。我说，他回，我也回。"咋的了，高老师也要走了？"他们问。我说，就算你给我60块钱，胡忠50块钱，但他要回，我也得和他一起走。我说："汪松枝，我跟你提过价钱吗？""没，高老师没提过。我商量的意思是，

111

你挺辛苦，岁数挺大了，给你加5块钱，给你加5块抽烟钱。"我说，要加，你就都加，你要说不加，他们就都要回去了，你就是给我加到80块钱，他们要回，我也得回，我不能看着他们俩孩子就回去了。我带上人家出来了，不能因为我挣得多，我就不管他们了。后来，实在没办法协调了，我只能跟大家说："加工钱协调过了，单位方面可能没办法增加，小武子，胡忠，你们考虑考虑是走是留。咱们来的时候，人家都说是50块钱，既然咱们来都已经来了，咱们给人家把这点儿工作完成再走。既然答应了应该工作40天，咱们就不能干20天、一个月，咱们得给人家完成。要是说嫌钱少不干了，明天决定要回去，我明天就和人家说，我们不干了！"我让小武子做个决定，拿个意见。小武子说："人家说多少就多少，人家给高老师100块钱，人家给我50块钱，我去别处也挣不了这50块。我决定留下。"我说："胡忠，你的决定呢？"胡忠说："我不干了，我要回去。"我说，你要是想回，我跟你回去，我不能让你自己回去。

第二天早晨，我们原本打算收拾收拾回阳原。"要不然，再给人家坚持干两天？"胡忠又觉得不好意思了。我说，这是你说的。我知道这事以后就觉得挺难过的，我高文太还能因为5块钱留下？大家决定要回家，那我也得跟着队伍一起回！咱们在哪里都能挣钱，但既然答应了，即使是小钱，也得给人家干工作，钱多了得干，钱少了也得干，不能因为一点儿钱就糊弄人家。我跟胡忠语重心长坐下来谈心："胡忠，人过留名，雁过留声，做人诚信最重要，咱们把工作好好干，留个好名声，搞出好成绩，把咱们应该完成的工作给完成了，叫人家对咱们刮目相看，让他们都知道咱的工作能力、技术水准都很高。这么一来，咱还怕以后找不到工作吗？咱们要是在这里做一天和尚撞一天钟，得过且过，出不了成绩，你说以后谁还敢用你，难道咱们就是为了赚人家的钱来的吗？这都是实话，也都是事实。咱们都是要强的人，也希望得到别人的认可，只要工资待遇合情合理还说得过去，咱们就好好干，毕竟，咱们的本职工作就是这个。但是也有许多客观情况，毕竟，一个地区一个样，一个人一个样，碰见带队的是抠门的、小气的人，就什么也不给，吃饭的时候还让你少吃菜，怕你多吃他一点儿。碰见那种带队爽快的人，凡事有商有量的，渴了就买矿泉水，碰到冰糕就买冰糕。那遇到这种情况，你又该不干了，你要碰见大鱼大肉啥吃不完呢，没酒了给买一瓶酒，没烟了给弄盒烟，你就想干了？要是想犯懒那就不要干了，咱们都是为了这考古事业，咱都为了自己的爱好，一辈子就这么点儿爱好。至于爱好，大家都不一样，不能只看工资，工资高就干，工资低就不干，这是不对的！"我稀里哗啦说完这堆话，这也是憋在我心里很久的话。有时候，觉得就应该给技术好的老技工们安排个编制，国家应该给个编制，这样就有保障。要是一点儿保障也没有，人家说起来就是雇佣。雇佣是什么？就是断断续续的，有时候几个月，有时候半年，有时候几天，时间有长有短，辛辛苦苦干了一辈子考古，最后虽说没饿死，但是钱也没有挣下，就简单够自己生活，不过很多时候，这个事也没办法左右。唉，这件事情对我影响还挺深的。

日常不出去做考古调查，我在家还可以做点儿临时活，家里打点工，再挣俩闲钱种点儿地。出去了也就那样，说好也不好，倒是没饿死，大钱没挣过，只能是这么个样子。当然，挣大钱也就是那几个月内，人家要是高的话也能给到八九十块钱。以前那会儿就是这样，后来人家也有120块钱、130块钱、150块钱的。三分沟发掘那会儿才3块钱，1985年、1986年，才涨到5块钱，然后就一直涨，这会要是百十来块就行了。拼合那会儿让我干，那个时候，我一天才18块钱，里面还包括伙食费。这会儿就别说工资了，一天下来，人家就是给你点儿补助，100块钱、120块钱，也多少给一些。补助是谁给的？哪里给的？哪里用哪里给。你就说给山东省文物考古研究所，人家就不说工资，人家就说一天给你多少补助，哪怕你在单位赚几千，你哪怕一冬天不干活，挣单位的钱出来还有补助。你哪怕是有工作，一天赚2万、3万，人家也给你补助，你一分钱不挣，人家也是按补助给你来。我是赚人家点补助，你碰着那带队的人好，盘算盘算盈利，补助那你是不能变，能给你变的话就添一些补助，能给照顾就照顾，你比如说一百元，涨到一百二三十元了，但是有硬性规定，还有不能触碰的红线，不能说想给你多少钱就给你多少钱。

河南总共去过两年，第一年是冬天去的，第二年是春天去的。第一回是去了40多天，是阳历年回来的，第二年去得早，大概过了"五一"就去了。河南新郑、荥阳都去了，笔记本都给人留下了，那时候都记不清楚了，到那儿碰见有一人在河北考察，有时候交人家一份、整理一份，再交人家，咱那时候写的日记本有时候就扔下了。去年，我去唐山，我忘记带回来了，今年去又给衣长春老师带去，在唐山的日记本就忘带回来了，这不行。今年山东一完我弄完了我把日记本给他。因为生疏了，有的地名也记不起来了，那次去到现在都多少年了，就再也没去了。我小时候那会儿就听说泥河湾是人类发源地，这是很有根据的，事实上就是，比如说周口店，四五十万年了。周口店是泥河湾的水顺延下去的。因为马圈沟200万年，周口店50万年，很明显就是从阳原地区慢慢扩展到周口店的。因为它是一道河系，顺着山脉走向，就算它绕弯儿也是如此。你比如说官厅，距今一两万年，去年也有挖的，大概也有泥河湾层，也够二三十万年。咱们把远的近的联系到一起进行考察，山东有1万年前的人类遗址，你把它跟阳原1万年的相对比，文化、技术都差不多。还有5万年到10万年的，慢慢地各个省互相连接了。有早有晚，发源地在哪儿，扩展到什么程度，想的是这些东西。当然泥河湾200万年，小长梁170万年，板井子七八万年，是不是中间还有呢，有些你没找到的，还有破坏的、侵蚀的，的确有这种现象，也有的连接不上，大致上能把几万年的慢慢连接起来就不错了。

平时在家，得闲的时候看看有关研究的书籍、报纸、文章之类，看能买到的书。有时候，你想看，但你买不到。关于山西旧石器的有一本，书倒是挺多的，我有看过。之前中国科学院的《化石》报刊之类的也会给我邮寄过来，关于恐龙化石的有很多，我一般都会阅读一下。有时候，放家里看，有时候，人们都拿走了，有些人也挺爱看的，看着就拿走了。衣长春老师和艾虹出的那本书，去年，艾虹给了我一本，我十分喜欢。但有时候，没这资料也没法看。打石器，拣石料，打完了拼合，看看咋样打下去的，也要看看如何去拼合。基本上啥都做过。石器也打过，最后想想这装饰品，那时候只有靠磨，也没有这机器，为什么就弄得那么规整？这就值得琢磨了，想想这石头咱就能磨光，就能磨薄，以后就开始拣石料磨了。既然决定要磨，咱就得磨出个样儿来，金属器是越磨越漂亮！只要有恒心，铁杵也能磨成绣花针。

石头如果选的比较大，看起来就不光滑，那就要抓紧时间打磨，再后期进行钻孔工作，用完硬铁用软铁，用完硬钢用软钢，凡事都有相似性，咱们既然找了比较柔软的石料，就得找比石料硬且能打孔的工具才行。要是石料选的太硬——和打磨的工具一样硬，咱们就打不出来样子，也钻不出孔，所以咱们选料和加工也是很讲究的事情。

出土的化石实在太多，院里就有块大象的化石可以观摩。大象化石并不是像大象，它是一块骨骼，或称之为大象的趾骨，大象的趾骨、腿骨、盆骨、脊椎、大脊椎，还有肋骨，哪个部位的化石都有。除此之外，还有羊化石、马化石（马蹄或者趾骨）。目前发现的化石都有对应部位，头骨、脊椎等，看起来虽然像一块不规则的普通石头，比如这个骨棒形成，它有半个斜茬，石化程度、钙化程度都高，像石头一样坚硬的骨头形状。岩石只是岩石，化石是在岩石中夹的，不管什么动物的骨头从岩石中取出，就是化石骨头。

大象化石的本体是我把外面岩石打掉，只剩下它里面留存下来的骨渣。一般化石里偶尔会有比较完整的化石，但像鹿角、羚羊角、马蹄、动物蹄等东西很少有完整出土的。即使是在发掘旧石器遗址里面，完整的化石也很难出现。如果说这个遗址没有石器出土的话，那化石层还有可能出现完整的概率，比如在河流境地、湖泊境地，羊一死，火山爆发往那儿一压几千年、几万年没有动弹的极特殊情况下，这样的发掘情况有可能是个完整的骨骼。在人类活动的遗址里把羊杀了之后，用石器把动物皮剥离下来，可以做衣服，也可以用羊的骨头做烧烤，把整个骨头敲碎，把骨髓吸干净，就变成看到的骨头碎片了，人工痕迹都是在这些碎片上发现的。很多石器、石片上面也有人类用石器划的痕迹，也有打磨的痕迹，因为他能用石器刮下残留在骨头上的食物，比如用石器把骨头上的肉筋刮下来食用，在刮削的过程中就在骨头上留下了痕迹。古人并不是故意给后人留痕迹，他只是单纯为了吃肉刮到那儿的，搁骨头上面划上石器的印记。现在留下来的痕迹就是咱们研究的重点，因为是古人用石器刮过的证据，也能说明以前这里有人。有时候，觉得发掘出来得很少，但并不是古人故意不给你留，他是需要通过敲打，用砍砸器打骨头这样的操作进行食用，如果第一下打失败了，食物没有被打开，那就只能再打一下，把骨头打成两半，但是有时候骨头和石头撞在一起敲不碎，人们就只能"咔咔"使劲打，打得石器上这里一疤那里一疤，打了好几个疤，最后把骨头打裂了，石器砍砸的痕迹就留在上面。这就是有人类存在过的证明。

在旧石器时代晚期，人类就可以做细石核、细石叶，现在却连细石叶、细石核都不会做。细石核、细石叶是过渡时期，做细石叶、细石核都还用磨制的，大石砧，大石槽，紧接着磨制。用泥捏个头，拿火烧一烧就硬了能使用了。在我们小时候那会儿都没见过铝盆。小时候，使用不带釉子的粗皮碗，老人们叫尿泥碗，后面又进化到使用白灰色的羊皮碗，后来，瓷碗普及开来。大概以后人们看咱们这个时代，看咱们这种发明也会摸索发展的情况。通过实物了解过去的人们，咱这儿小时候有棉花没线，就拿棉花捻着线绳弄衣裳，古人在过去就使用草绳，配合割动物皮，拿皮条，用石锥、骨锥打上孔，穿过孔去纫上，做一件衣裳披在身上。在缝纫方面，古人还挺先进。

现在的工作内容和普通老百姓讲，会觉得研究的内容没有实际的用处。我认为咱们根据发现的标本研究旧石器，研究古代历史、人类的发展，从不会使用石器到会使用石器，从爬行到后来直立行走，这是一种文化。人们说创造，从什么都没有到创造利用石器，用石器做工具，最后粗石器做成细石器，细石器以后做到炼金炼铁，一直在发展，到了几千年以后，未来的人类也会研究我们这个时代。我们小时候看拖拉机就觉得很高级了，现在大家到处看汽车习以为常；原来我们都觉得一台收音机能发出声音来就很了不得了，现在的电视不仅能听声音，而且能看到画面。人类从原始社会发展而来，就再不能返回去做原始社会的人，人得向前发展，社会也得向前发展，只不过未来发展成什么样不能确定。原来咱们中国哪有飞机，但现在呢？每次阅兵，飞机、大炮都很先进。早些时候，一说就是进口的火柴、洋布，现在还用洋货？进口的东西起名字洋气，咱们现在研究这些人类发展也是为了让孩子们多学习，以后能跟上时代潮流。

  我现在身体不太好，但是只要工地需要我，我能帮的忙一定帮。目前发掘、搞调查都还行，除非动弹不了就不坚持了。只要身体健康，不管去各个省里，只要聘请叫咱们去，咱就去。我觉得遗址走得多了心情就愉快、敞亮了，更何况还能锻炼身体呢。一个地区一个样，都是不一样的地层、地形、地貌。这辈子在阳原搞发掘调查，就咱阳原这儿有泥河湾层，搁别处哪有泥河湾层？哪有湖泊沉积？那就是靠山前的河流堆积形成的，或者按照河流的流向堆积的。没有山前堆积、到视野更好的视角去看地形地貌。不能以经验主义为主，咱们这儿有马兰黄土，其他地方也有马兰黄土，咱们这儿有泥河湾层会看，别的地方没有泥河湾层就不会看了，那不叫真本事。见多才能识广，慢慢大家就都知道了。做调查研究的出门在外要先进行观察，一一查看后发现这儿有什么类型的石料，是否有能做石器的石料。各个省、各个县，或多或少都有一些。只要是人类去过的地区，即使水土侵蚀没留下明面上的痕迹，但早晚都能发现一些蛛丝马迹。各个地区地形地貌不一样，地层不一样，但是咱们发掘的方法都差不多，现在技术发达了，各方面都先进了，调查要求也变高了，过去调查完要进行照片冲洗留存材料，现在拍照后回去往电脑上导出存储，再进行对比，想要的数据就都出来了。我们那会儿调查，画地质示意图、野外剖面图、村庄范围图，现在只要用设备一测就知道海拔多高、纬度多少，精简了大量测量工序。现在咱们挖掘出来标本的归属也比以前清楚多了，通常是谁发掘谁负责，谁带队谁研究。考古发掘报告出来以后，是有版权保护的，其他人不能再插手或者研究这批有所属权的标本了。

自己的研究心得

我们那会儿帮助河北省做了很多工作，比如李珺、谢飞属于河北省文物研究所，主要研究泥河湾，李罡、衣长春属于河北大学，主要研究唐山爪村。爪村这个地方是我去年去唐山发现的地点，挖了一个旧石器地点，还有好几个地点没进行发掘工作，地点是有和大田洼遗址有相似之处。这么多年，我带过几个徒弟，有陈峰、冯尚元，还有武进何、胡忠、白日有、白日有小舅子石存平，也有挺多不干的。现在亲自带的就是小武子、胡忠、白日有。白世军是王文全带的，虽然也跟过我，但还主要是王文全带，白日有是王文全教过的，我也教过。他们不干的理由主要就是嫌挣钱不多还辛苦，早期孩子们念完书毕业出来没事干，就想找工作，我也只能推荐他们做考古，那会儿没办法，就只能跟谢飞局长、成胜泉所长说，孩子想来这里，想带着他们学习几年。

在板井子工作这几年，基本上是我自己独立找民工，开探方，与领导进行沟通。调查过程中，遇到了很多次危险情况，但是都没有造成很大的伤害。像在大田洼进行发掘的时候，我去搬运一些东西的时候是从坡上走的，一个没注意就从坡上滑了下来。幸亏我对这边的地势比较了解，我在想如果我滑到底的话，底下是有梯子和一道水渠的，应该没有事。于是，我抱紧了怀里的东西，顺着坡往下滑，等我滑到梯子那里的时候，看到梯子留下来的一条大缝隙正好能让我站住。于是，我也就比较安全地下来了。这是我最危险的一次。在天气方面没遇到什么。那个时候，遇到雨就用化肥袋里边的那个膜披在身上,避一下雨。当时考古工作条件很差,也没有什么保护措施,现在的条件真是改善了很多。当时,我们进行野外调查的时候,基本上是全靠脚走,遇到雨或者雪也只能赶快走回家。

泥河湾遗址和别处不一样,它是湖泊形成的湖相沉积,其中包括水平沉积等。它的原貌就像一个大湖泊,是根据水的沉积形成的沟。像其他地方是山前堆积,河相沉积形成,受河水流动形成,水平层比较少。而泥河湾的文化层,头和尾是对应的。

这样的地层、地貌产生的困难也是很多的,主要是会破坏当地农民的庄稼地。在调查和发掘过程中会受到阻碍。有些时候,通过沟通等方式解决就可以开展调查等工作,如果解决不了,就只能放弃了。

在调查的时候,不太会受伤,如果受伤也是一些擦伤、皮外伤,不是很严重。主要是要去找别人没有发现的遗迹和遗物,要去一些洞里、坑里,就会有一些小的擦伤。最近的一次是去山东调查,跌倒摔伤了膝盖,但也只是休息了半天就又开始工作了。其实,在考古中最重要的是勤劳,手勤、眼勤、腿勤。还有就是要仔细,要认真观察。

出去调查时有一定的周期,因为他们是有长期关注一个遗迹的地层的,当地层发生一定的变化时,我们就会去调查。一到调查地点,首先要看看地上有什么石料,看看它的坚硬程度。再去调查一下各个方面对遗迹的影响。

带徒弟

当时,王文全和我都是调查旧石器的,考古的知识比较丰富,在考古调查中有一定的经验。我现在有几个徒弟都在大田洼。去河南郑州的时候带过胡忠,去陕西龙王辿也带着胡忠。总的来说,带过大约十几个徒弟吧,但是现在有的人已经不从事这个行业了。胡忠还是一直从事这个工作。一般情况,我带徒弟都教他们认识石料、石器、地层,尤其是地层,这是特别重要的！要区分好剖面和水平层，最重要的是要找二级阶地及以上，因为一级阶地大多数是现代的，研究价值比较小。看石器的话就是要看这个石器是自然形成还是人工打制形成，要找它们之间的规律，还要看它们的坚硬程度，判断是由什么石料制成的。大约就是一年半载的时间，他们就能自己出去跑跑了。有时候，带他们一段时间之后，他们有自己的工程要进行，通过自己的经验也就能顺利出师了。带徒弟也就是带着他们去不同的地方进行调查，不过，还是将泥河湾作为调查的起点。

一些区别

泥河湾和其他地方的区别还是很大的，不同的地区有不同的特色。像天津附近都是山区，有特别多的卵石在半山上，通过观察可以看出那里有河流经过，有可能会发现旧石器，但是如果总是找下边的地层，发现的大多是新石器。泥河湾这里有地质差别，有的地方黄土覆盖得比较多，有的地方比较少。但是有些地方被侵蚀得较为严重，可以判断这些地层的年代。

我现在是被山东聘请过去，为他们调查旧石器。因为山东虽然有旧石器，但是缺少相关的人才。他们有的人去山东调查都是去下部，却什么都找不到，其实应该到上部找不同颜色的土层，根据自己的经验寻找。未来，我还要一直做考古工作，只不过是现在年纪比较大啦。

展望泥河湾的未来，我觉得泥河湾还有很多没被发现的遗物，需要我们进一步研究，探索每一个地层。

王明堂：虎头梁的发现是个惊喜

王明堂，1944年生，河北省阳原县人。农民考古技工。曾获阳原县"十大优秀农民考古技工"称号。

1965年参加考古工作。工作期间参与河北省、山西省、河南省等多地考古调查，其间参与于家沟遗址、虎头梁遗址的调查发掘工作。泥河湾遗址群虎头梁遗址的发现者。

加入考古是个意外，一不小心就坚持了大半辈子

说起接触考古，最早是在1965年的时候。中国科学院古脊椎动物与古人类研究所太原工作站的王择义、武文杰和王向前他们几个人来我们村这边进行考古调查。那个时候，我并不懂得什么是石器。虽然专业知识不懂，但刚巧那会儿有空儿，在跟着人家玩儿，看看他们在干什么，他们和我说，想要带我一起调查，我也就答应了。

那个时候，他们看见我发现的标本，觉得挺好，就让我随着他们一起去寻找标本。刚开始，我就是跟着他们转转，转着转着刚好到了我们村附近的于家沟那里。这时候，我才慢慢地对考古有了接触和了解。如不懂得，就硬着头皮研究，硬生生地自己琢磨。

后来，逐渐接触挖掘工作，慢慢地经手做了一些事情，也就对考古有所

认识了。在虎头梁那地方熟悉了，算是积累了一定的知识，反正好像是比以前提高了。当初是因为见到他们有人来，又跟着他们在一块调查什么的，慢慢地就搞起了旧石器的调查。比如，最早的时候，只要王择义他们来了，我们就跟着在一块儿出门去跑几天，基本上都是走到哪儿看哪儿，要是他们走了，有空的时候，我自己也是走到哪儿看哪儿。

到了1972年，盖培和卫奇来了，就又来寻我，还想要找当年一起帮忙的人，就问1965年那段搞调查的人还有谁想一起来。

盖培他们找到我之后，就让我去跟他们做调查，还告诉我哪里可能有，让我去找找。我根据他们要求调查的地点，就去了杏沟，循着方向就找着了那个旧石器地点。这也算是在盖培的指导下发现的吧。

调查是个精细活，走坏了多少双鞋也不知道

从1965年开始算起，我干考古这摊活儿到现在已经有50多年了，发掘的地方比较少一点儿，主要是调查比较多。河南省去过好几次，发现了几个点，后来都是由河南省文物考古研究所（今河南省文物考古研究院）专门的人领着我们去的。先是进行调查，反反复复调查了好几次，之后就是他们自己发掘，我没参加。

除了河南，我还经常去山西。要说山西，可去过好多回了，我都不记得具体次数。好多次到了黄河边之后就开始调查。那时候是单纯地对旧石器进行普查。其实，在咱们阳原，我也发现了许多遗址，旧石器时代遗址。但我参加的发掘工作较少，就参加过于家沟和马鞍山遗址的发掘工作。

我主要是搞调查。主要调查的范围还是在沟里，也就是说一个地方挨着一个地方地看，再找找哪里有化石，哪里有石器。通常，一个点既有化石也有石器，但有的是只发现石器了，没有化石，这样的情况还是不少的。

我一旦到了当地，就要打听一下哪里有"土龙骨"，要是老乡说哪里有，

按照着老乡的话,我再去实地考察一下那个地方看看有没有化石。他们给了个相对比较大的范围,可能有化石存在,我就在那个圈子里面找,一般会有一些发现。因为初次到一个地方,也不熟悉,只能按照老乡指引的方向去调查。有时候,发现一些"土龙骨"、碎片,但不一定是之前的遗址,并不是每一次调查都有成果。

我经常跑调查,看发掘地点。其实具体的操作也就是看看哪里的黄土堆积高了,因为一旦黄土堆积得高了,就有化石存在的可能,或者是可能性大一点儿。不管是在哪里发现遗址,大多数都是在有泉水的地方,因为只要有泉水,古人就能生活下去。像古人的思维,如果今天能吃上饭就吃饭,吃不上饭,即使喝水也能活下去。所以,早期人们生活的范围或者考古遗址一定会离水源近点儿。我的主要任务就是跑调查,不管是在河北省还是河南省,主要是调查石器,只管帮忙找到遗址,到发掘的时候,我就走了。

发现虎头梁,是个惊喜

虎头梁遗址是在我们村的虎头梁发现的。回忆这个发现过程,也是我跟着去跑调查发现的。一般情况下,打制石器,如果都是燧石那种石料,相对会比较硬一点儿,但是燧石和咱们经常见到的石头不一样,像石灰岩这类石头用来打石器就不行了,这种石料太软。要是能够找到燧石,就可以确定在这个地方有人类打过石器。因为我挖的地方少,发现遗址以后,调查人就不要求我参加了,所以没怎么参与发掘工作。除了虎头梁,于家沟也是我发现的。那个时候,上面出东西,我就在下面看,种类还挺多,有燧石,有化石,有石英,反正印象中有好几种石头。我选择了一些出土的石料给王择义先生看,他连声说:"这很好,很好!你带我们去看看去。"我心里还挺高兴。来到发掘的工地上,他一看那个地点就很好,是出新石器的。当时,王择义来我们这里搞调查,我在护秋,没有时间,看他来了,就陪他出去转转,要是多有点儿时间，就多跟他们去转转，他们也跟我有什么说什么，学到了很多东西。那时候挖虎头梁遗址就和刨土豆差不多，就是把土豆刨下来那种方法。而盖培发掘虎头梁遗址时，开始布方、绘图，还受到过裴文中、杨钟健他们的表扬，说他做得好。反正发现虎头梁的石器还是很开心的，算是意外的惊喜。

回忆于家沟遗址的发掘工作

于家沟遗址是1995年开始发掘的，持续了几年的时间，前前后后总共进行了3次发掘工作。王择义挖过，但他挖得不多；后来，盖培进行了一段时间的发掘工作；最后，就是省里组织、谢飞局长牵头工作了。谢局长不仅挖到了最底层，而且时间上也最长，到1998年才结束。

王择义当时也就是挖到一些石核、石叶，后来，盖培在他的基础上又往下挖，还是同样的地点。当时，盖培在上层黑土层里挖出了一些标本，但是他没要，好像是比较晚期的磨制石器，觉得这个太晚了，就放弃了。他想要的基本上是旧石器时代的东西。后来，谢飞来挖的时候，从黑土层一直到紧贴着黑土层的下面一层全都挖了，挖出来不少石磨盘、石磨棒，再往下挖还有一些细石器、石核、石叶，种类比较全。挖的面积大了，发现的标本就多了。谢飞也没拿水洗一洗就开始看，石核、石叶、楔形石核等大型的都确定了，小型的看不太清，就让拿去清理一下，进行更加细致的研究。

于家沟那个遗址可不简单呀，专门奔着这个地层出土的细石器来的专家可多了，他们经常来看。贾兰坡也来过这里，我也跟他接触过。按照书上说的，多少个国家都没找到细石器，就算是被发现、被找到的，也大都是在地表发现的，一些专家和记者跑到于家沟来看，抱着一种怀疑的态度，就看看你是不是在地层里发现的。

想要找到泥河湾最好的，祖先给的礼物

这么多年我参与的、调查的、发掘的遗址还是挺多的，其中旧石器时代遗址有距今100万年的、四五十万年的、二三十万年的、一两万年的，种类还是挺丰富的；但对于人类化石，还是有一些遗憾的，咱们这儿只在侯家窑发现有人类化石，其他遗址没有突破性的发现。

从我自己的角度来说，当然是想发现这里最好的东西，把古人留给我们的东西都找到。找到好的东西了，领导就对我给予了好的评价，也是对于工作的一个肯定吧，我大概是这么想的。走到哪里，你可以仔细地看一看，跋山也好，涉水也好，有的时候看到的就一点儿，可你也得仔细地看，错了一点儿就找不着了。有的遗址丰富一些，化石、石器比较多，就很好看；比较小的，就得仔细看，地层那里不看清楚，一混就找不着了。有了地层，出土的化石和石器就多了，慢慢地就有条理了，不用那么费眼去看了。基本上，首先就是看石器用的是什么石料，大都不用石灰岩，那石头打石器太软了，没什么效果。

我们一起搞调查，总有我找到的，当时，也没讲什么地质方面、旧石器方面的知识，大都是让你把东西放那儿就走吧。很多时候讲的都是一些土层的东西，黑土是什么，黄土是什么，怎么区分，时间长了，你一看就能看出来，早期的、中期的，软的、硬的，大一点儿的叫石核，小一点儿的叫石叶，反正人家老先生都告诉给你了，但还是需要自己慢慢琢磨。

板井子遗址和马圈沟遗址我也去了。马圈沟遗址那个情况要怎么说呢？马圈沟那个地方上面就是半山，半山下面就到了马圈沟，地层状况大概是这样的。那年，我只参加了相关的调查工作，发掘工作我没有参加。马圈沟是白日有发现的，白日有是岑家湾村人，还有王文全，我们合作跑调查。跑调查也就是哪里需要我们，我们就到哪里去。我当时主要是参加河北省的调查。当时，省里经常把我调到外省参加工作，像山西那边，经常会过去，也

都很熟悉了。最近这几年，河北省以外的地方去得很少，大都在阳原县这边活动，泥河湾每年的工作量就很大了。

这么些年跑调查发现的点还挺多。东谷坨那边，我也经常去，走着就能过去，基本上那边的地点我都去过，但就是没参与发掘工作，就单纯地到那边去看了看。我平时去地里就注意地里、剖面上有没有石器，我在这一带还真发现了很多遗址。每年的发现都不断增多，近年来又发现好几处。平时我没事了自己也出去调查，比如说，今天家里要出去了，需要我往外送土了，我就会选择去姜家梁上面那条湾运输土，一是把活儿干了，二是能顺带搞搞调查。

我家墙上有些我跟中外学者们一起拍的照片，平时也比较喜欢收藏各种古物，墙里头还嵌着新、旧石器呢。就比如我那个门神吧，去年新换了个石头，也没啥特殊的，就觉得旧门神不好看就换个新的，旁边的门楼也是新盖的，里面都嵌着石器呢，可以去看看。

就是喜欢干考古，考古让我骄傲

我干考古这一行，家里还都挺支持的，搞文物、搞研究也都是我的爱好，我老伴儿说："你去干去，家里的活儿我来干。"我还是挺感激她的。我喜欢这些东西，但我的儿子不行，开始跟我去山西走过一次，后来就不跟我去了，他视力不太好，看不清楚石器，要是试着打制，我害怕他打到手。

在泥河湾这么多年，让我印象最深刻的，就要说泥河湾是东方人类发源地吧。当时，我们在这儿打井，当地的人就问我们是做啥，我就回答说，打井，研究泥河湾人类发源地什么的。当时挺高兴的，说起来感觉也特自豪。咱们这个阳原县原来不是大海，是个湖泊，湖水在的时候，像东谷坨那边有最早的猿人在水边生活，湖水慢慢退了以后，旧石器时代的人就慢慢来了，也到水边生活。我对这些都挺感兴趣的，印象也挺深的，主要觉得意义也很重大。作为东方人类的发源地,外面的人一提到阳原就都能想到泥河湾。还跟他们说,打井就是为了研究泥河湾的地层,打井用这么粗、这么长的塑料管,把泥土取上来,然后做研究。

我对这个还是挺感兴趣的,泥河湾最早的发源地是在咱们这里,是我土生土长的地方。他们有几百万年的历史,就是我们虎头梁,一两万年前也有祖先在这儿生活了,感觉都特骄傲。

白日有：坚守初心，培育后辈

白日有，1961年生，河北省阳原县岑家湾人。农民考古技工。曾获阳原县"十大优秀农民考古技工"称号。

1992年，加入泥河湾考古发掘工作中，参与泥河湾遗址群马圈沟、侯家窑、后沟等遗址的调查、发掘工作。

从事考古的起始概况

我从1992年开始到泥河湾工作，说来也20多年了。正好是在发现马圈沟遗址的契机中参与泥河湾的工作。那时候，河北省文物研究所李珺和阳原县文物保护管理所成胜泉所长正在挖岑家湾遗址，发现了一块化石，我帮他们搬化石的时候发现了马圈沟遗址。6月份的时候，中美开展合作。谢飞来找我，让我加入他的队伍搞调查。当时，我正好没什么事，就一起干了。发掘工作到9月份就不再进行了，所以我这一次参加工作时间相对比较短。第一次接触泥河湾的工作时间有限，学到相关知识和看到的考古内容也有限，对旧石器的认识也不太全面。到了第二年，也就是1993年，我虽然参加了马圈沟遗址的发掘，但参加没多久，发掘工作也没干到底，就回家开始秋收，项目本身进行的时间也不长久。

到1994年1月份的时候，我就开始跟着专家们到三峡搞调查。1994年春，完成三峡调查工作；紧接着，就到河北省文研所拼合岑家湾的石器了。8月份，开始发掘岑家湾遗址。相比之前的工作，这次发掘面积要更大些，花费的心思也比较多，等工地工作结束，基本上到了冬天，天冷无法开工的时候就回单位了。

1995年，主要在涉县的新桥和泥河湾的姜家梁墓地进行考古挖掘工作。这一年比较充实，基本没停工，一直在持续做考古工作。也是这一年，我对泥河湾和考古工作有了更深入的了解，但也因为工地的工作占据了大量的时间和精力，家里的庄稼没时间再种了。家人发现我全部的心思都在工地上，也开始支持我长期做考古工作。一直持续到第三次文物普查之后，又继续干了两三年。后期由于我母亲身体不好，当儿子的也得兼顾家庭，也得孝顺，完成自己的责任，所以暂时将工地的工作放下，在家专心伺候我母亲。转眼到了2013年，中国科学院和文研所进行考古工作，但由于一些原因，我没能参加，当时，心里有点儿失落。到了2014年，家里的事情全部安排妥当了，我才又回到工地上继续做喜欢的考古工作。

2014年之前，我去过河南、山西、陕西做调查，在天津挖过墓，也做过文物修复，再远一点儿，到四川、湖北那边也做过调查。这一年，虽然刚回归到考古工作，但经历还算比较充实。从最开始断断续续的考古工作一直干到现在，每年几乎都在工地度过，也希望以后也能一直在工地，继续这份热爱。

这些年的考古工作，前几年的重点在于调查，从2001年开始侧重于发掘工作。最近几年，主要由赵海龙老师和文研所牵头做些考古工作，有考察需求，我就跑调查，但我现在年纪大了，身体也不太好，虽然去不了太远的地方，但在近处还是能看看，能再为考古出一份力。现在，我儿子也加入文研所的考古工作之中。家里离不开人，需要有人在家里待着，我们就一边调查，一边顾家，也是两全其美了。

马圈沟的发掘与调查

我从事考古工作20多年，参加过发掘工作的遗址有六七个，其中最大就是马圈沟遗址了。说起马圈沟，还是挺骄傲的，因为那是我发现的！马圈沟附近有个坡，平时，我们喜欢去那边放牲口，遗址就是放牲口的时候在塌出来的土里意外发现很多碎化石、骨头在外面裸露着，那几年，谁都未曾注意过。因为地形的关系，我们都比较喜欢去马圈沟放牲口。马圈沟只有一个口，往里面是一条死沟没有出口，里面都是山，牲畜进去以后上不去，人和牲口都不会走丢，这样的地形方便放牧。把牲畜往条沟里一撵，它们就不能进庄稼地祸害庄稼、吃庄稼了，我们在沟口等着，看着它们别吃庄稼就行了。因为地形方便，所以经常不是我一个人去，大家都集中到那边放牲口。马圈沟里的化石多，一下雨就容易发水，把那些化石都冲出来了。虽然大家都知道这里有化石，我们老百姓都叫化石为"土龙骨"，但对普通百姓没什么用，即使大家路过看到这些"土龙骨"，没人管也没人去捡，只有科学家觉得这些"土龙骨"有研究的价值。

在发现马圈沟之前，我也不太知道"化石"这些东西的意义，毕竟，以前没跟着一块做过考古发掘，只当作普通东西没注意过。虽然没接触过专业发掘工作，但我知道专家们需要"土龙骨"。1986年的时候，白瑞安在我家吃饭，他挖回来一片石片在窗户那里放着，我看他们在岑家湾的时候挖的就是类似这种石头，因为当时见过，所以有很深刻的印象，觉得这块可能也是那种有研究意义的文物，我脑海里大概知道好像这样形状的东西，对专家比较有用，我就把捡到的这件石片带了回去，结果拿回去真的就是专家需要的标本。后来，谢飞局长让白瑞安挖岑家湾，在进行发掘工作的时候，我又到现场看过数次，从那时开始，算是跟考古建立了联系。那时候，发掘工作不像现在这么细致，从土里挖出来、捡起来就行，现在和以前可大不相同，又是测量，又是高科技仪器探测。

| 白日有：坚守初心，培育后辈 |

1992年那时候，成所、李珺、白瑞安一行人来岑家湾挖遗址，在那儿抠化石。如果我不做考古工作，按照往常肯定也不太关心这些化石，因为看到有块化石个头比常见的其他化石要大很多，闲着也是没事做，就想把它搬到一边去，我就问他们："马圈沟那边有一个可大一块的化石，你们要不要？"成所他们听了就让我赶紧去拉回来。我赶着驴车，套着毛驴就拉车去了。拉车的时候路过小路刚好被挡住了，我就开始将挡住前路的土块搬走，要不毛驴车没法再前进了。正在清理障碍的时候，就发现大土块里面夹着石头，我觉得很眼熟，在哪里见过。突然想起成胜泉所长他们挖的大概就是这种形状的三角石头，我当时第一反应是拿回去给成所肯定有用，于是急忙拿回去一些，晚上给他们仔细看看。晚上，检查之后，果然是有价值的"三角石头"，于是，跟我说，等第二天去现场再看看周边其他的石块。第二天，我们一行人一起到了发现"三角石头"现场。李珺就开始用工具对土块进行敲打，这儿敲敲，那儿敲敲。我就看着土块儿砸掉了之后，露出来的确实是考古队要的标本。在发现马圈沟以后，谢飞局长等专家都来了，我跟着大部队一起在岑家湾遗址转了两天之后，人工带车工总计还给了我30块钱，嘱咐让我别跟着白忙活儿一趟！后来，我给谢飞局长他们的队伍干活儿，一天能给我6块钱——20世纪90年代那时候的6块钱几乎相当于咱们现在的60块了，经济收入水平还算可以，我和家人都很满足。

1992年，我们发现的一区——马圈沟第一文化层，另外那三个区也都是我发现的——确切来说，马圈沟的第一文化层、第二文化层都是我发现的，好像是2003年还是2004年，正在做着工作的时候在半路上发现了。那时候，上面有一群民工，下面有一群民工，我就来回跑，在半山腰上无意中看到石器，就把标本取了。从那以后，就越发觉得考古工作其实挺有趣的，慢慢爱上了考古工作。从1992年以后，谢飞局长就让我专门从事调查工作，一直到现在，兜兜转转也已经有20多年了，不知不觉，时间也就这么过去了。马圈沟遗址从2001年开始到2005年，前前后后大概5年一直没有间断考古工作。1992年，开始进行试掘工作；1992年，发现了一区，10月份，对一区进行了发掘；2001—2005年的时候，连着半山一块把一区、二区、三区都一起纳入发掘范围；到了2005年的时候，就把大马圈沟范围内全挖了，大概有好几百平方米的面积。

2001年，挖三区的时候，面积挺大的，差不多有50平方米。后来，我跟谢局长挖掘的时候，能扩大到60多平方米了。这样的发掘面积在考古工地里面算是很大的。在这个遗址区，我们出土了大象的门齿，虽然门齿有残缺，但长度有1米左右，不清楚现在"大象门齿"在文研所，还是在博物馆。旧石器的专家们对"大象门齿"都很感兴趣，全方位进行研究，在发掘工作中算是很重要的发现。后期在二区进行发掘工作的时候，我们又发现了"大象脚印"。大象的脚印和其他动物的脚印不太一样。清理土层的时候，发现大象蹄子有一个印记，蹄子附近的土和其他地方的土颜色不一样，外面常规看到的土一般都是灰白色，但这附近的土壤中隐约呈现黑色，里面的是灰褐色。因为发现的不是动物化石，只是个脚印，起初，我还没当回事，后来听专家介绍这些脚印也是化石，只不过是脚印化石，属于土质文物，其发现意义同样巨大。后来我又在专家领导的指导下清理了大象蹄子的印记，最后用石膏对脚印化石进行了翻模工作，清晰地还原了大象脚印的样子。

自从发现马圈沟遗址开始，城里的会议就接连不断地召开。后来，还在这里召开第四纪相关的会议，来的人就更多了，连张森水先生都来了。那年，他来了就一直被人搀着，被小推车推上去的。2001年那一年，一窝蜂似的来了不少人，给我留下了极其深刻的印象。到了2002年，来遗址考察的人就比较少，没有2001年的时候多了，呈现出鲜明的对比。虽然外来的人慢慢变少了，但我们对遗址发掘的面积却一年比一年大。

马圈沟被发现以后，当时的考古领域好像还挺轰动，很多不同的媒体过来采访和报道，我就见过很多。尤其是2001年的时候，张家口电视台、河北电视台的记者们扛着摄像机都来了。后来，成所长领着中央七台的记者们过来采访，我还参与过一下。张家口电视台在村里收不到信号，阳原电视台也收不到，我们这儿只能收到河北电视台，所以采访完，我也没见着自己上电视是什么样的，只记得来来往往的人很多，外来的新闻工作者和我们的工作人员都聚在一起，场面很大。那时候年份早，没有现在这么方便，突然来了好多人，又是说能上电视，所以印象很深，村里因为马圈沟遗址的发现也挺热闹，后来相继又来了新华社、中央电视台好多记者，越来越多的媒体开始报道泥河湾了。

除了有成果的时候大家是很激动和开心外，其实，大多数在遗址工作的时候都是平平淡淡地搞调查、搞研究，对于小年轻来说，甚至可以称之为"枯燥"，不是大家想象中的那样，每天都充满了激情。我们在野外进行常规调研，有时候甚至会遇到一些危险。比如，遇到强对流天气或大雪天等极端天气，对于调查来说还是很危险的。从我们的经历之中举个例子吧，我的同事王明堂自己调查时，就曾经掉进一个两米深的落水洞，洞口特别小，但下面被雨水冲刷得很大。他当时没看见，脚一滑，身体重心就失控了。掉进去以后，王明堂拿地质锤在那儿刨周边的土，好在洞口不太粗，比较小，他腿长得长，还能勉强跨住。当时，要是没有人发现的话，后果不堪设想，我们后来想想都觉得有点儿后怕。做调查工作，遇见类似这样掉坡的情况是比较常见的事情，很可能走着走着一不留神就滑倒了，下雨、下雪这样的极端天气走在坡上都很容易打滑。截至今年，马圈沟的发掘工作还在进行当中。今年，又找到了新的文化层位，最近正在积极进行发掘工作。从20世纪90年代马圈沟被发现到现在，发掘工作从未间断。1993年，进行发掘工作。2001—2005年，连续进行发掘工作。今年，咱们国家的考古队又来了。从以前的文化层算起，上面到底下已经连续堆积起9个文化层了，在第一文化层的上部又有了新的发现。

从20世纪90年代到现在，我一直都在跟着考古队跑，忙忙碌碌坚持到了现在，心里觉得反正去别的地方也是做考古，还不如在家门口更熟悉一点儿。这么多年跟着考古队陆陆续续、大大小小调查发掘过不少遗址。除了马圈沟，我在侯家窑和后沟也参与了不少工作。现在，每年都得跟着考古队出去干几个月，一年要是不做点儿和考古发掘有关系的事，总觉得生活里缺了点儿什么。

源于兴趣，幸遇伯乐

讲了这么多，其实，在1992年之前，我从来都没接触过考古工作，只看过一些标本，也不知晓其中的奥秘。1986年，成胜泉所长与白瑞安等人在发掘岑家湾遗址的时候，就近来我家吃过一次饭，我见到过成所长拿着的标本，有些比较深刻的印象。之后，就是我帮他们搬文物和整理文物的时候，地面上塌下来一块土，收拾的时候正好看到有一些石片，我一看，呦，这不就是他们正在挖的东西嘛，我就给他们捡了回来。他们一看很惊喜，跟我说这就是化石。之后，就发现马圈沟也有文化层。2001年春天的时候，我们又发现马圈沟第二文化层。8月份的时候，又发现了第三文化层，也就是刚回忆的东西啦。也可能是幸运，能够有机会接触考古这些东西，了解以后，就对考古尤其是旧石器时代考古比较偏爱，日常闲着没事就喜欢出去看看找找，万一能找到有用的东西呢，也算是我为考古事业出一份力。一开始是因为感兴趣才开始做考古工作，就喜欢考古的氛围和环境，大家都很简单，没有那些弯弯绕绕，工作起来很融洽。我还记得有一件印象很深刻的事情，当时，我帮助卫奇老师搞野外调查的时候还发现了大长梁，那时候发现大长梁和小长梁隔得不远，距离上也很近，知道这次调查发现这么重要，也是很开心，心情相当激动。1997年，我又参加了李珺主持发掘的南庄头遗址，南庄头属于新石器时代早期遗址，那里边出了一些骨器。后来，在天津的时候，也做过一些修复工作。这些，我都讲过啦！

现阶段，我们主要做发掘工作，调查的部分就是帮赵海龙老师跑跑野外调查，去年和今年大多数时间都在野外进行调查工作。这几年，泥河湾发掘的重点主要在侯家窑遗址，还有马圈沟遗址、后沟遗址和石沟遗址，虎头梁遗址这几年也陆续发掘过。在文研所的时候，我主要是在发掘淡季冬天的时候在室内做修复工作，整理资料，发掘旺季夏天到来之后，就主要进行野外调查和发掘。发掘工作相对比较轻松，但对于我来说，要是把发掘和调查这两类工作进行对比的话，我还是更喜欢调查。不过，我现在身体不太好，腿上有旧疾，去不了太远的地方，只能寄希望于年轻人了。

我们做调查的时候也不是一个人，大多数是组队进行，一般情况是王文全和高文太带着进行调查，发现了遗址，就根据情况教我们怎么认识、辨别地层和石器。在调查时，我们不会采集出太多的标本，有时候，我发现了一些标本，觉得比较重要的话，就会拿回去让专业的人士给指导一下。像成胜泉所长和李珺对动物的化石比较了解，我就积极向他们学习动物化石这方面的知识。在旧石器这方面，谢飞局长和李珺对我影响比较大，有什么工作也喜欢叫上我一起去，我也就慢慢地融入大家，学习了不少旧石器的知识。

爱好至上，后继有人

平时我们不到考古工地报到的时候，主要还是要依靠种地维持家庭的经济收入，毕竟，阳原县还是以农业为主要经济来源。我跟着成所长他们去过很多地方，让我去哪里，我就跟着去哪里，绝对配合组织安排，像山西、陕西、安徽、三峡这些地方，我都去过。虽然前几年给的钱不多，但见过不少世面。这几年，经济条件有所好转，报酬方面，给我们的还可以，不过，经济这方面都没关系，反正考古发掘、野外调查都属于是爱好，给得少就少拿些，给得多就多拿些，都不妨碍做考古这件事。说是爱好考古、爱好旧石器，也不是之前就喜欢，是在有发现石器的经历以后才产生了兴趣，了解到旧石器提供的信息，又经常跟着专家一起看，慢慢地喜欢上了这份事业，是一种潜移默化。以前没了解，也谈不上喜欢，主要还是不懂这些专业的内容，以后还需要慢慢学习。

对考古工作的满足感来源于考古发掘和野外调查的过程很有意思，就跟"开盲盒"一样，因为谁也不知道能挖出来点儿什么。大多数情况下，以动物骨头、石器占比较大，大象、马、牛、鹿、羚羊、犀牛等动物化石都会偶尔冒出来，能见到的种类挺多的。比较遗憾的是，现在我们还没挖出猿人化石，要是能挖出来就好了，绝大多数进行考古工作的考古队都期待着能找到一些古人类的遗迹。到目前为止，咱们这儿只有侯家窑遗址出过人骨头，年代跟其他遗址相比比较晚；不过，那都是20世纪70年代的事了，当时我还没参加考古工作呢，不太了解的事也就不多说了，万一说错了就麻烦了。

平时，我们没事了，就自己找点儿石料练习打击，反正旧石器拿起来就能打，只不过打得不好看，有时候觉得还没有古人打得好看呢。我们随便敲随便打，打出来的石片有的好，有的不好，都是随机的事，但是把石器打断了，就成了残片了。我现在只能试试旧石器，新石器的磨光技术目前还没试过，等以后有时间了，我还得花时间多研究研究。要不然，平时除了干点儿农活，村里也没什么别的事干。我自己出去搞调查，出去转一转，一是强身健体，一是想着找点儿遗址，万一能有新的发现呢，这谁也说不准。

几年以前，我也开始带徒弟了，一个是我儿子，还有一个是本家侄子，现在都跟着我一起干活儿，都是我手把手带出来的，也能撑点儿事，我看着也挺欣慰。现在，他们就在马圈沟遗址那边参与工作呢。孩子们比较爱好考古，也喜欢做野外调查，我现在只要有机会就尽可能地带着他们一起跟着参与，年轻人得多锻炼才能成长。家里人看我既然爱好就没阻拦，现在儿子和侄子也都喜欢，那就全家一起做考古，互相之间也还能有个照应。

没做考古的时候，生活惬意但单调，找不到乐趣，大家聚在一起放牲口，你也往里头赶，我也往里头赶，大家也不分你我，只要能认识自己家的就行。等到牛羊吃完了草，人们快到回家的时候，牲口也就自己回来，拿着箍嘴一套，它们就不吃东西了。放牧的人们聚在一起聊聊天，喝点儿水，天南地北一顿胡扯，临近饭点儿的时候到坡上割点儿草，连人带草往驴身上一驮就优哉游哉地回来了。

大家伙养牲口也不是单纯为了当交通工具使用的，我饲养骡子和毛驴主要就是为了秋天的时候秋收拉车用，能节省很大人力、物力。从地里往家里面运输田里的物资，冬天农闲的时候，往地里送点儿农家肥，来年庄稼能长得更好。这都是种地的小技巧，更何况这些牲口也能耕地，跟牛差不多，我们村养牛的少，几乎都是骡子和驴。现在，经济条件好了，很多人都更偏向买三轮车。三轮车确实比牲口方便啊，直接加油就能开着走，回来直接放在院里。"科技改变生活"很有道理啊，但过去哪有三轮车啊，村民就只能养些驴、骡子，没事的时候得放养，去山上跑一跑，吃一吃青草，老百姓春种秋收都得靠它。现在，生活好了，干农活也方便了，春种用播种机直接往里推，用不了太久的时间就能完事，过去，十亩地，一家子人集体上阵都累得要死，现在，种地都不用牲口，轻松多了。我们以前的农村生活就是这样，没有考古工作的话，真的是有些单调，所以，某种程度上，考古发掘和野外调查丰富了我的生活。

艰苦奋斗，坚守初心

我们搞调查需要经常去外省，也跟着成所长他们一起去三峡做工作，不过，我没在外省给人发掘过，因为工作重心主要是搞调查，正式发掘的时候，我就没跟着一起参加了。从20世纪90年代开始到现在，也不敢说完全精通和了解，都是一边工作、一边学习、一边成长。

2001年，我去陕西搞调查的时候，在宜川县离壶口瀑布没多远的黄河边上发现了龙王辿遗址，让我和老胡一块去挖。刚开始的时候，我没过去，10

月份的时候，正在进行马圈沟遗址三区的发掘工作，进行了大概两个月的时间。到了12月的时候，发掘工作结束了。在结束的第二天，我们就马不停蹄地赶紧赶到陕西同他们会合，接着搞野外调查。做调查整整用了一个月的时间，后期又进行发掘工作。到了2003年，我带着几个徒弟在蔚县又做了三个多月的调查工作，终于把徒弟教会了，他就被调到省文物局去给帮忙啦，也不跟着一起搞调查了，后来，我们基本没有联系了。再到现在，就剩二毛（白世军）和我儿子还在跟着我干考古。

我带着他们在调查过程中遇到一些情况会及时跟他们说一说，我大多数时候会主动说，孩子们也经常主动问。比如说，在工作过程中发现了一些疑似的点，或者一些认为是比较重要的地层，大概什么样特点的地层才有可能会出现我们想要的东西？早期地层什么样？晚期地层什么样？很多经验只能在实践中传授，没有具体的遗址跟孩子们说，他们也不理解。

考古调查，困难重重

做考古调查并不是想象中的这里走走、那里看看，有很多比较艰难的事。冬天的时候，风沙大，气温又低。石金鸣老师来调查的时候就已经是冬天了。如果迎着风，太刺骨走不了，只能背着风走，没走多远，脸就冻得红得发紫，身体也扛不住。

冬天调查，迎风走特别冷，只能背着风走。阳原县风比较大，而且吹到身上感觉会特别硬，再厚的衣服也抵抗不住。要是运气不好，再赶上飘点儿雪花，我们就得一边捂头一边看路。当然，什么也不能阻挡我们搞调查，山路本身就不好走，加点儿雨雪就更容易打滑了。之前，去山西的时候，一条小路下了一指头厚的雪，路滑，过不去，就把鞋脱了走过去，减少打滑概率，冻得脚没有知觉，走一截就瘫坐在那儿休息一会儿。下面还是特别深的沟，有恐高症的吓得瑟瑟发抖。现在想想还是挺辛苦、挺危险的，鞋也不穿，得给冻坏了，但当时大家都不觉得，只是一门心思想把工作做好，也不在乎穿不穿鞋、冻不冻脚了。冬天天气不好，特别冷，单位能给的钱多点儿，也算是个心理安慰。隐隐约约记得2006年能给到40块钱，后来跟着下工地，再给加4块钱的补助，在那个年代，已经很多了。现在，我们一天100块，今年好像又涨了点儿，不过，组织给多少，我们就要多少，也没指望靠这个挣大钱。归根结底，考古工作还是得有兴趣、有热情支撑着才能坚持下去。

有个"小乌龙"还挺有意思的。好像是1996年1月的时候，正赶上元旦，我们在山西搞调查，我和高文太、高文太儿子高金山、王明堂四个人组了个队伍一起去，沿着汾河走到洪洞县，找了个小旅馆住。晚上，公安局查夜的巡警来检查，看到我们身上背着锤子、工具，以为我们来盗墓，瞬间就警惕地问我们是做什么的，回答说是考古的，就要看我们的身份证、介绍信。

我们带的介绍信有些小问题，公安局的人就更不相信了，直接就没收了我们的身份证，扣了我们一夜。我们带的是以前开的介绍信，介绍信上的名字对不上号。之前开介绍信的时候，名单上是秦皇岛人王恩林，后来到了要出发的时间，王恩林没去，就加上了高文太的儿子高金山，我们一行人就带着没改的介绍信出发了。我跟高金山的身份证信息和介绍信上的名字对不上，公安局就抓着这点不放，怎么都不肯承认介绍信的真实性，也就不肯把身份证给我们。那年，我本来应该在秦皇岛高各庄和李珺一起挖墓葬，我没去，王恩林去了，后来，冬天这边的调查，王恩林没来，我顶替了，约等于工作上我们俩交换了一下。虽然咱们自己人知道是怎么回事，但公安局就只看介绍信和证明身份的东西不一样，看到证件有差别，肯定不能放人。后来实在没办法，我们给山西省考古研究所石金鸣所长打电话找人联系了一下，说明了真实情况才把证件还给我们，没想到干考古工作还有进警察局的一天。

调查使人增长见识，为生活添加乐趣

常年在外工作挺有意思的，不像在家务农是一眼看到头的日子，尤其是我们调查有发现的时候就特别高兴，很有成就感。搞调查，大多数时候都是比较安全的，只要稍加注意一点儿就能避免许多意外情况出现，比较艰难的处境比较少，有的时候会遇见一些比较有趣的事。

在野外经常能碰见蛇、兔子、野鸡之类的动物。遇见兔子、野鸡还好，但遇见蛇就比较危险，好在蛇遇到人一般先躲开，不会主动攻击人，只要你不动它，没有让它觉得有威胁，就不会追你，其实，它见人也害怕。我是比较怕蛇的那一类人，看见蛇就吓得赶紧跑，最害怕的就是在三峡遇见的那条蛇，个头特别大。南方的蛇尾巴有点儿扁，看起来就怪吓人的。跟我一块同行的人在前面走，我在后面没见着，王文全就说前面有条两米多长的蛇，一边说一边往回跑，等我到了的时候就看见特别大一条蛇盘在树上，吓得我一激灵。南方的毒蛇特别多，在外面搞调查遇见得更多。

有时候遇见野兔、野鸡，运气好还能抓住。我之前在山西出野外还抓过一次野兔，也是下雪的天气，兔子钻山窝里怎么也不出来，我们就拿火熏死抓住了。还有一次，在一个墓葬里打了只野兔。1994年冬天，我和高文太跟石金鸣老师一块挖完岑家湾遗址就去山西复查一些遗址点。我们在晋城调查看到只兔子往地里跑，我们觉得能追上，就在后面追，兔子没地方跑了就往墓里钻，但没想到被我们堵到墓口拿着小棒子把兔子逮住了。回去的时候，拎到饭店让厨师给炖了，喝了顿小酒。

那个墓葬是现代人的，棺材就在那安置着。那边的人对丧葬习俗比较讲究，家里的老头、老太太如果有一个先离世，需要先找一个清净的地方放着，等到另一个过世后再合葬，跟咱们这边风俗不一样。咱们这边如果找相似的风俗，倒是有先找个洞埋着，但山西那边不埋进土里。很多时候，你走着走着，就能看到洞里面放着口棺材……算是地方的丧葬风俗差异吧。

生活所迫离开，心里不舍再次返回

2007年，第三次文物普查，我几乎没出去过。冬天，挖完侯家窑遗址之后就没再去过考古工地上，2007年、2008年两年，因为生活原因在家养猪，两年的生活里没有考古工作。到了2009年，发现还是想干考古。所以，过了"三普"之后，就回来继续干考古了。家里还有些牲畜，直到去年才全部处理完。之前那几年，我养猪还能赚到一些钱，后来再搞养殖的几乎都赔钱了，平时猪肉7月份都是8块钱1斤，赶上好的市场行情涨到八九元。2007年，那时候在侯家窑遗址，猪肉涨到十几块钱1斤，已经很贵了。现在这些日子不行了，现在为了吃蛋，养了两只鸡，其他什么都没有了，养殖业不景气还有风险，做什么都不赚钱，还不如回来干考古，起码我还比较喜欢，反反复复地，最后才知道自己真正喜欢的是什么。

"三普"结束以后，我跟着去保定容城参加发掘工作。那时候，给个地质锤，我们背着背包，拿着矿泉水瓶装点水带着，没什么特殊的其他工具，都是凭着经验做工作。冬天的时候，只吃两顿饭，8点多，起来吃点饭，9点多出去，跑到下午三四点回来，晚上，吃点儿饭，休息。冬天天亮的时间短，早上出去冷得不行，中午回来吃点饭，还没出门就没什么时间了。搞野外调查比较辛苦，在工地待着比较舒服，调查的话没有具体的时间。胡忠、胡文哥儿俩早上出去调查得上坡，有时候，别人都开车回去了，他们俩还在半坡待着呢，调查一天得走几十里。要是发现遗址点了，就把化石标本收上，在哪里捡到的就在哪里做上记号，告诉领队具体位置在哪里，拿着相机上拍的相片说明问题汇报就好；但是，现在不能随意取了，标本越来越少，也担心描述不清楚具体位置。以前发现疑似"标本"，随手一抠就可以拿下来，有可能是要找的标本，也有可能不是要找的标本，一旦出现问题就比较麻烦。现在拿着相机拍下来，就更能说明问题，连带环境都能够很好地记录。正常的调查工作，除非下大雨，要不然基本没事，如果在上午发现相关的情况，下午就要及时向上级报告，明天或后天就会有专业人员来照相记录，等照相的工序都完成后，就可以把标本取了进行下一步研究。

石沟遗址，受益无穷

我今年没参加马圈沟的工作，跟着河北师范大学一起在石沟遗址做工作。石沟以前不叫石沟，叫渠沟，最早的时候，老人们说到水渠、小渠，就叫渠沟了。后来，石金鸣老师在这里做工作取化石、建探方的时候，就改成了石沟，就是取他的姓氏命名的石沟遗址。泥河湾这边有几处遗址是根据工作者的名字命名的，最有名的就是飞梁了，还有在那边南山上的成沟，另外就是在西水地附近的梅沟。

石沟这里是今年4月到7月新挖的，与马圈沟相比，那里的石器多、化石比较少，石沟正好相反，这里化石多、石器少。

石沟这边现在不准备回填，想全部都留着。等到发掘工作全部都结束，化石标本和材料全部都挖出来，在这边盖个房子，让人们过来参观。虽然现在有这想法，但到时候有没有那个技术就不知道了。那边的遗址上有个玻璃罩，就是为了罩住化石的，能看到，但不能摸到，否则，人们来了之后很难控制，尤其是小孩子，万一东搬一块西挪一块就不好了。有一段时间还公开展示过，在这里罩了很长时间，砌了两个台阶，方便人们观看。我家里就是岑家湾的，离这儿不远，走路过来也就十多分钟。我去外省挖的石器不多，主要是搞调查比较多，挖过的除了旧石器时代遗址，其他时代的也不多，之前去安徽挖过西周遗址，去天津修复过汉墓陶器。我暂时还不会鉴定文物，但是修复还可以，旧石器勉强可以看看，但也说不好，毕竟没念过书，都是这么多年一边工作，一边学。

安全意识觉醒，大家的安全最重要

正在进行施工的探方在2014年的时候塌方过一次，我和赵海龙老师一起工作，也有学生跟着一起挖探方，回想起来很惊险。当时没有现在的顶子，全是露天状态，比较危险。2013年，我们施工时，上面有些土没有往下取，等到编号的时候，上面的土开始不断往下掉。我当时在外面盯着探方，他们干活，我就看着，一边看一边教他们。我看到往下掉土的情况，觉得要塌方赶紧跑出来。因为不管塌方不塌方，都得先跑出来，如果要是塌方就会出现有动静和反应，就像往下掉土。那时候，有个河北师范大学的女学生叫葛丽华，就她自己在里面待着打号呢，她以为没有事，还想捡一下工具，就没在意。我冲她喊："别编号了，赶紧往外跑！"我们就把她吆喝出来了，刚刚跑到搭建的帐篷那里，就听得"轰隆"一声，刚才编号的地方塌了下来！

现在回想起来都后怕，从我喊她出来到跑到帐篷，最多半分钟时间，就塌方了。没有保险措施，连顶子都没有，那一大片全都掉了下来，召集了4个人清理了两天才勉强清理干净。那天下着雨，20多立方米的土可不是一个小数目，当时那么一大片土要是砸到人可麻烦了，幸好当时没砸到人。后来，赵老师买了一只羊给大家压压惊。通过这两件事，我对发掘工作就更加警惕了，很多人是新手或者实习的学生，还是安全最重要！

现在给遗址加了顶子，相对来讲安全多了，抵抗小的土块还可以，要是遇见大的土块，承受力还是不行。只能在能看见的范围之内先把土取了，安全性高一些，不管是大学生还是民工，胳膊、腿砸伤了都是麻烦事，要是真有重伤或身亡的，就更严重了。

虎头梁那边也有过一次类似的塌方情况，不过要早一点儿，大概是20世纪90年代的时候，也是差一点儿砸到人。发掘飞梁遗址的时候，正值多雨的夏季，刚下过雨，土壤比较松，地势又高又陡，再加上经过多年的风化，就形成了裂缝，上面那层能看到的土并不全都是瓷实的土。施工中快接

143

近文化层的时候，土层就从高的地方嗒嗒地往下掉。这个情况引起了很高的重视，每天晚上都安排工地两个人看着，住在边上的帐篷轮流值班，上面一个人，下面一个人，生怕出现什么问题。

当时这一区域是中美合作挖掘的，具体是谁发现的不清楚。挖的时候就出过两件石器，中美合作在外面挖，组织上派我来这里挖，我服从安排在这儿挖，结果4平方米就出土了5件石器。晚上，就雇专人看守，毕竟晚上值班和白天值班不一样，白天人多，我也负责看着探方，等到晚上下班，人就少了，而且晚上多雨，要是挖不完遇见晚上下雨，就得赶紧拿塑料布盖住。

为追求一腔热血，为热爱不计病痛

常年在外面，尤其是野外，难免会遇见各种蚊虫。去年，我们去安徽的时候特别多蚊子和跳蚤，经常被咬一腿包，碰也不敢碰，挠也不敢挠，实在忍不住了挠破就落下一腿疤。我们一起的汪峰天天给买药膏，但抹也不管事，蚊子太毒，什么药膏也不管事。相比蚊子，跳蚤更严重。草地里面养的狗多，麦秸也多，麦秸生跳蚤跑到狗身上，然后跑到我们住的地方了，咬了一身一腿的包。夏天的时候，下雨天气比较多，被雨淋是常有的事。2000年，跟卫奇一起搞调查，淋雨给淋病了，还挺严重。我们那时从下坡往上坡走，一边走一边出汗，身体处在一种往外冒汗的状态，猛地浇了雨，一下就病了。回去输了好几天液，才有一点儿好转。我这个人闲不住，刚好一些就又跑出去调查，结果又反复了，严重了。

我现在年纪大了，体力也不行了，身体明显不如以前，也就不像年轻时候那么冲，高血压、高血脂、高血糖都找上来了，再干几年就60多了。现在有徒弟、有儿子，就尽量把我会的都教给他们，让他们多锻炼。当年，参加马圈沟发掘的时候，我几乎全程参与，年年都在。想想那时候，我还没有徒弟呢，后来，带徒弟一起，教他们搞调查、挖旧石器，学习旧石器蕴含的信息，大多数时候，都是挖的时候看看能理解多少，再教再看。这些年轻人大多数都是初中生，学得比较快，一教就会，没文化的老人们教半天也记不住。农闲的时候，尽可能带他们出去，所长有活儿的时候，也叫着一起，不过，现在也没剩下几个了，能坚持下来的人不多。

1993年，发掘马圈沟的时候，我当民工，干到一半到秋收的时候回去。秋收的时候，村里面干考古的大多数都回家忙农活。我想趁现在身体好多干几年，等到上岁数干不动了就休息了。现在，我视力不太好，没有以前看得清楚，年纪大了眼有点儿花，干这一行主要就是靠眼睛看，看遗址，辨石器，要用尺量坐标，用罗盘看度数，眼睛跟不上，就没法做工作。要说绘图，我也能画，各项要求都知道，但画不好，主要还是视力不行，又不爱戴眼镜，老花眼就这么将就着。

愿后继有人，生活安乐

现在，除了我的孩子，我也没有其他徒弟了，孩子早就出师了。这些年，我懂的所有东西——识别地层和石器，还有在发掘时如何使用工具，怎么清理，基本都教给他们了。孩子能喜欢这些，我挺欣慰，特别支持他。他在毕业之后做过其他工作，但最后，我还是让他做了考古，毕竟，是我干了一辈子的事，也算是一种传承。

2015年的时候，领导给我们发了证书和奖金，是对我这么多年工作和付出的肯定，心情挺激动。每次看见证书，都会回想起第一次发现马圈沟遗址。得到领导们肯定，也挺高兴的。

以后的生活，不跑调查的时候，就在家里种点儿庄稼。未来，只要他们需要我工作，趁着我身体还能行，就帮着他们干点儿。这么多年，支撑我做考古工作的只有一点，就是我喜欢它。看到那些石器、化石之类的标本，就觉得它们在向我招手，让人很喜欢，很想看。未来，走一步看一步吧，希望能签订个具体的合同，等退休后能领点儿退休金，也算有点儿保障，给家里减轻点儿负担。

要说对泥河湾未来的期待，就是早一天能找到人骨最好不过了，找到再早一点儿的遗址。虽然可能我发现不了，但还有下一代，还有接班人，一代一代，生生不息。这些东西就在土里埋着，谁发现都不好说，也不一定是搞调查的发现的，也可能是无意中发现的，之前马圈沟就是无意中发现的，是缘分，也是运气。一般都是从农民的地里，有剖面或者断面的地方发现，旧石器时代晚期的在那儿，但早期的不可能。现在挖了这么多年，就20世纪70年代中国科学院挖的许家窑—侯家窑出过人骨头，虽然不是咱们挖的，也期待着什么时候咱们自己能发现。

这些年，我从事考古工作，确实是学了不少，也有挺多感触。说实话，一开始什么都不懂，后来一边干一边学，算是学到了不少东西。那时候，谢飞局长、成胜泉所长、李珺他们来了一说这是旧石器，就跟着好好端详、辨认，看得多了，认识就多了。另外，给单位做拼合工作，那时候，人家都把旧石器标本整理好了，也编号了，让我一看，再记一记。所长他们说这是旧石器，我就拿起来看看，旧石器就是长这样的，记住了，下次就认得了；人家说这是什么种类的石片，我就记着这是什么种类的石片。这些年，人老了，脑子不如以前好使，就记不得，前脚教会了，隔了一夜，小酒一喝，第二天就忘了。

村里的人都觉得我现在干的活儿还挺好的，整天跟着队伍到处跑，也能到处看看祖国的名山大川，见见外面的世界。别看现在的年轻人很多都嫌辛苦、嫌累，他们不愿意学，我要是看着人不行，还不愿意教。我有个侄子总是找我，想让我教他，人靠不住，我教他也没用，得安心学才行，不然，不爱好这一行，教了也白教。我挑学生还挺严格的，总的来说，爱这行的就教，不爱这行的就不教。二毛（白世军）那时候爱好这个，到了工地上积极干活，不管去哪里都一直提出问题："这是什么？""那是什么？"起码有基本的求知动力。带徒弟也得看人，领着出去一年半载，要是不上进就不带了。就现在而言，跑了这么多年、这么多地方，没什么遗憾，找了几个石器的点就挺知足，有时候，觉得比看自己的庄稼还兴奋。刚开始挖一个遗址的时候，希望它多出一点儿，等到后来，出得越多越高兴，尤其是出了好东西就特别兴奋。我现在就想着，趁着身体还算不错，能多干几年就多干几年，但现在高血压，太高太陡的地方，我也不敢去，不像前几年随便爬山坡。我儿子刚开始出去打工，我又把他叫回来，从2004年开始就跟着我干，今年30岁，也成家立业了，我也算有指望。对徒弟们，我就希望他们能好好干，找到人骨头，希望我没能找到的他们能找到，也算是圆了我的心愿。

白世军：守住枯燥，踏实勤恳

白世军，1979年生，河北省阳原县岑家湾村人。农民考古技工。曾获阳原县"十大优秀农民考古技工"称号。

2001年加入泥河湾考古发掘工作，发现二道梁遗址。

循环往复，初心不改

2001年，我正式参加泥河湾考古工作。当时，谢飞局长发掘马圈沟遗址的时候找到了我，我也就跟着大家一起参与进来了。我的师傅白日有他们小组原来有三个人是跟谢飞局长一起干活儿，正好谢飞局长需要人手，我就加入进来了。

我刚毕业没多久，就参与了泥河湾遗址的考古工作。刚毕业时，没找工作，日子过得还算比较清闲，也没什么事，恰巧工地有任务，就一起做，一方面学东西，另一方面也当打发时间，后来，真正参与考古工作，慢慢地习惯了调查发掘工作，自然而然喜欢上了这份事业，一直坚持到现在。

我最开始的工作是发掘马圈沟，大概发掘了一个多月的时间。第二年，开始做调查工作，边做调查，边做发掘，一直就是调查、发掘穿插着来。经过这几年的实践锻炼，现在什么都能干了，哪里需要我，我就到哪里去。当时，能有幸直接进入这个圈子，安排我做考古工作，也算是一种缘分，接触之后，就一直坚持做相关的事。基本上，每天的日常工作内容都是调查、发掘这些活儿，不断地重复，不断地积累，慢慢地坚持到了现在。

野外调查技能多，风土人情长见识

在这边，大家都叫我小名"二毛"。"二毛"其实是很亲切的称呼。白日有是我师傅。2001年，我开始接触考古的时候就跟着白日有师傅，后来，又开始接触谢飞局长、李珺这些老师们，和他们一起进行马圈沟遗址的发掘和调查。马圈沟遗址的发现在当时和现在来说意义都挺大的。在考古工地进行挖掘、测量、调查等工作没有固定的时间和步骤，跟着大家一起干活儿，让干什么都干，绝不推辞，尽可能多学一点儿和考古相关的东西。当然，跟着不同的师傅学到的东西也不一样，师傅们的侧重点不一样，教徒弟的方式方法也不一样。我刚开始跟着白日有，后来跟着王文全，两个人对我来说都是很重要的老师。

我这个人比较好动，与发掘相比，更喜欢调查。调查就是去野外跑调查，看看地层里有没有石器，有没有化石，有没有考古队想找的"标本"。要是遇见下雨天，有雨水冲开地上的沟，看看剖面土层有没有夹杂其他东西，就知道这一片遗址有没有"标本"了。

正常一天工作的流程就是去遗址附近做调查，现在早上出去一般都是7点左右，大部分时间是上午7点到11点，下午3点到7点，都在外面。比如说想调查哪一块地方。出去看到一个地方，比如说咱们调查马圈沟这块儿，就到马圈沟看看沟沟坎坎，看剖面上有没有东西。我们通常会随身带着一把小镐，如果能在遗址附近发现有东西的话，用小镐把"标本"抠下来看看，或者是确定是"标本"就不去移动它了，将"标本"留下，然后做好拍照记录。在出去调查前，我们专门做调查的队伍一般都要带好罗盘、相机、盒尺。早些年，没有相机，身上带一个小本，在笔记本上画个草图，标注发现

"标本"的位置。以前技术手段跟不上的情况下，再回去辨别方位也很困难，发现一个新地点，我们怎么能确定这个位置，还要保证之后能带着领队再找回来？只能凭记忆，良好的记忆力对我们来说非常重要。

我刚开始做调查很疑惑，为什么师傅们每次都能顺利地找到回来的路？我经常担心自己会有迷路的时候，但实际上，自己独立开展调查工作以后就发现，其实很少会迷路，即使是去外边做调查，也不会迷路。那沟沟坎坎在外边一看都是一样，尤其是不懂行的人看，看不出什么区别，但在我们眼里，每一条沟壑都不一样，每条沟都有自己的特点。一般做调查的人都迷不了路，都能记住哪条沟在什么地方，只要找到了，就到更高的地方观察一下调查的地点在哪儿，或者说顺着来的路走一遍就可以清楚知道要去的位置在哪儿。来一遍，又去一遍，走过一遍路以后，印象就会特别深，完全不会出现找不到或者觉得很相似的情况。只要是带工作人员去过调查的地点看，走过一遍就能记得路线，顺着沟壑走进去，印象会比较深。很多人被带着去看遗址，即使走过的路也没印象，或者当下能记得清楚，但时间再过几年就忘记了，只有自己顺着沟去看，找到要调查的地点再记住，才能是永久记忆，一直忘不了。我们做调查的人方向感要比普通人敏锐，这也是我很骄傲的地方。

现在的调查和过去的调查的最大区别就是配备的仪器比较先进一点儿。比如说GPS、照相机甚至无人机，也有测距仪器，过去主要是凭笔记本和笔，能够简单记录一些标志性的方位或内容。现在，有了这些仪器，相比画草图的传统方式要好很多。装备多是些小玩意儿，不是特别大的东西，就很方便携带。我们出去做调查一般是两个人，很少有一个人去，附近的话，一个人就行，但如果出外，一般都是两个人，相互之间有个照应。

现在做的考古工作，主要是我个人比较喜欢，也能勉强养活家，闲暇时间再种点儿地，资金基本可以维持运转。2001年，我刚加入的时候，一开始，工作干得比较多，对什么都好奇，什么都新鲜，都想摸一摸，但前期积累的知识，我都记在脑子里了。考古是我本身比较喜欢的事情，它最有魅力的一点就是，干的时间长了，就更喜欢了，越深入了解，越能发现其中的魅力。

在马圈沟遗址的发掘工作差不多结束的时候，2002年，我开始跟着王文全在外面跑调查，主要是去桑干河南岸附近的柳沟、细弦子一带调查遗址。后来，和山西大学也一起合作过一些项目，湖北、陕西、三峡等地，都跟着大部队一起去过。只要是考古队能用到我的地方，就乐意跟着一起看看。我跑过的地方挺多，每个地方调查侧重点都不太一样，地质地貌、风土人情都很有当地的特色。

住宿地奇特，大家考古积极性高

之前，我们去山西，有个特别有意思的体验。当时居住的村子总共才四五户人家，一同出行的人有成胜泉、刘连强、任学岩。那时候，我们在柿子滩遗址住着，当地的居民都住在窑洞里，我们过去工作也就入乡随俗住在窑洞里。窑洞比较有意思，跟咱们这边差得还挺多，咱们这边都住房子，那边就住自己挖的窑洞，里面的空间很大也很深。比咱们这边的两间房还深。我从来没住过这样的地方，因为工作能有这样的体验也比较新鲜。山西地域就是窑洞多，不管日常生活还是工作，做什么都是在窑洞里。前前后后调查工作，在窑洞待了有一个月。

家里人对我每天在考古工地都习惯了，基本上不是在工地就是在去考古工地的路上，我们村里很多人都是做和考古相关的事，每年全国各地都有考古队过来工作，就会招募大量当地的人参与遗址发掘。村里很多妇女也做考古发掘工作，一些精细的活儿做得还都挺细。大家参与考古工作多了，也都成熟练工啦。所谓的"靠山吃山，靠水吃水"，有泥河湾这么大的遗址，村里都有考古的传统了，从20世纪90年代开始，大家就跟着专家们一起参与飞梁、岑家湾等遗址的工作，一直跟着干活儿，对考古的流程都比较熟悉。

在家闲着的人，只要一听说工地要用人了，大家就都很积极地过去干活儿。所以，对我们来说，考古也不是一个稀奇、新鲜事。

幸遇伯乐，指点经验

平时，两位师傅喜欢带着我出去，虽然大多数时间都是在泥河湾，但除了这儿，我们也会去河南、山西。之前也说过，哪里有活儿，我们就去哪儿。师傅带着我们好几个人一边学习，一边实践。在实践里学习，才不容易忘记，也只有在实践里，才能知道师傅说的是啥意思。

当时，谢飞局长工作需要人手，白日有就介绍了我，让我在马圈沟遗址干了一段时间，可能觉得我还不错，就安排我跟着师傅一起干活儿，让我跟着学习。因为是单位直接给安排的，我就变成徒弟，跟着王文全师傅学调查。这也是单位对我的信任。王师傅那时候在马圈沟主要负责调查工作，有的时候在侯家窑，有时候又转到蔚县。2002年，我第一次跟着他行动就在这附近，但他主要是调查，基本不参加考古发掘工作。

2001年春天，我开始接触考古，等到2002年跟着队伍一起过来调查的时候，就发现了二道梁，那个时候，就跟着一块儿调查了。2001年参加马圈沟发掘的时候，谢飞局长估计是看我对考古挺上心，性格也不错，挺喜欢我，就把我留下了，安排了更多的任务。

2002年春天，我跟白日有调查洞沟。后来的秋天、春天、夏天，都一直跟进工作。跟王文全调查，又发现了二道梁遗址。二道梁是第一个点，那一年，一起发现的成果还是挺多的，仅仅在侯家窑就有七八处。侯家窑、鱼嘴沟、大坡地沟等等，蔚县的西弦子也是那年发现的。现在回想起来，跟着王师傅跑的地方还挺多。虽然王师傅主要是做调查工作，但前期的工作往往不好做。现在正在进行发掘工作的禾尧庄是2003年发现的，很多时候，当时发现的不一定当时就能完成工作，还需要后期很长的时间进行发掘、研究。

2003年，在禾尧庄；2004年，到蔚县；2005年，又去了河南……那几年几乎都是跟着师傅一起跑，白日有是我师傅，王文全也是我师傅。2005年，王师傅去了河南做调查，回来的时候就生病了，去医院检查，是肾上腺癌，做了手术，过了十来天就过世了。当时，对我打击很大。

回想起来，2004年的时候，王师傅、胡师傅、王明堂和我四个人一起去河南密县、登封做考古调查。在去之前，他也不知道自己生病了。之前，王师傅身体都挺好的，也没什么病，有一天出门去干活儿，突然发现走不了路，干不了活儿，才知道身体不舒服，说是身体不行得厉害，感觉不对劲，调查也去不了，工地也去不了，才想起来去医院检查。他先在河南的医院检查了，又回去河北的医院做检查。刚开始，在河南医院检查完之后，也没说是什么病。我们当时都陪着一起去的。2005年3月，刚过完年的时候，王师傅去了一个月左右，后来，到5月份的时候，自己回来了，都没回村里，直接去了张家口附属医院做手术。后来，医院检查的结果是癌细胞扩散了，做完手术十来天，就过世了。当时，我们都很震惊，好好的人刚走没几天就不在了。我们都在河南，单位不让回来，就没能赶回来见他最后一面。

王师傅带我，基本上都让我上手操作，他在一旁看着我、指点我，看看地层里有什么，什么样的地形里有这样的地层，手把手地教我学了很多东西。我很感激他。

1986年，他挖爪村遗址的时候，当时跟他一块干活的人都记得他脾气不太好，还喜欢吃肉。虽然在工地脾气大，但干活儿有本事，基本上给人的印象就是这样的。他一看地形就知道这个地方的台地好不好，水资源丰不丰富，地层里有没有我们要找的化石和石器。王师傅主要是看得多，有经验，早期的遗址和晚期的遗址不一样，要是按照他的方法，早期的要去阴面找，晚期的要去阳面找，这算是师傅的秘诀吧。那我们怎么判断阴阳面呢？比如说，这儿有一个坡，它有向阳的一面，有向阴的一面，朝南朝北都可以判断。也就是说，找早期的遗址就到坡的北面去找，找晚期的遗址就到坡的南面去找。当然，这也只是经验上相对而言，没有绝对的。王师傅认为，早期天气比较炎热，人们基本就在山的阴面，依靠地形来纳凉，到了晚期，气候就变得干燥、寒冷，人们就转移到山的阳面来了，而晚期最主要的就是要有水，找有泉水的地方，概率更大一些。

以前，我只听师傅这么说，没自己实践过，还不是特别理解，后来，经过自己的实践，觉得特别有道理。晚期的东西肯定有水，因为曾经找到过泉水的痕迹，而早期的东西主要是去河流两岸，在河流交汇的地方寻找。晚期的时候，人的智商高很多，不怎么喝大河的水了，嫌大河的水不干净，偏向更干净清冽的泉水做水源，只要我们找到有泉水水源的地方，大概率可能会发现有人生活。没有水源的地方，古人生活起来不方便。王师傅从事工作这么多年，积累的经验肯定是对的，教给我的基本上也就是看地形、看水源，但我自身积累的东西太少，见过的也不多，还是要多跑、多走、多调查，尽可能地勤快一点儿。调查这件事就是别人不出去，你经常出去就发现了。或者在地貌位置比较高的地方，别人上不去，你上去了就发现了。有的地方经常掉落一些沙石，就那地方掉，也就那个地方有，正好去了那处位置就发现了。类似的情况很多，总之，还是要勤快一点儿，因为遗址就在那儿，只是等着人们去发现。勤跑，勤看，勤问，多问问人们，哪里有骨头，哪里有化石片，跑得多了，问得多了，看得多了，自然而然也就会看了。

众人齐心搞研究，功成名就关系大

大概2005年的时候，我们发现了后沟遗址。当时调查的时候，就是看到了遗址的剖面情况，走到这个地方，先发现剖面，检查了一下还有没有化石，然后再看看有没有石器。我们去调查了三次才发现后沟遗址。第一次，看到有地方掉落了石片，看了东西——这就是石器，看到剖面上有化石，但是找不到石器。第二次去，还是用随身带的小镐在剖面上轻轻刮着看看，也没有发现。第三次又去，正好有几天下雨，把石片冲刷露出来了，在那方面往上找，最后才确定遗址地点。这三次中间倒是没有间隔多长时间，我们经常去这一地带调查，大概七八天内没事都过去看看，没找到之前，总是惦记着那附近肯定有东西，但就是找不到石片，确定不了它，那心情别提有多难受了，直到发现确定了，解除了心中的疑惑，瞬间豁然开朗，别提多激动了，感觉自己也算有点儿学有所成。

二道梁应该说是偶然间发现的。当时，我们去郝家台村调查。刚开始，我跟着白日有调查，每天来来回回从那儿经过，都没有发现。第二年春天，开春的时候，我跟着王文全去二道梁那边调查。刚下过雨，本来水土保持就不太好，土壤都是风沙土，下完雨，石制品就掉了一地。走到二道梁那里，在回家的路上，我在旁边的小路发现了它们。那时候，我刚刚参加工作一年，这是第二年工作的时候在小路上走，看见了有像标本的东西，我当时没看见，其实也就是没注意吧，因为我那会儿主要是跑早期的，晚期的东西都不注意，着重于早期的调查，当然，早期和晚期的调查关注的东西都不一样，对这些石制品有些疏忽。当时，单位也是要我主要调查早期的，给划定了范围，我也就在早期的里面留意得多一些，晚期的就不注意。比如说，去一个地方，主要是从上到下把地层看一看，看看地层里有没有我们想要的标本，要是有化石了，就着重在这一文化层调查。晚期的基本上就不看了，就算是遇见了，也就感慨一下"这石料挺好"，心里也就放松了。

如果不是村里修路的话，遗址大概不会那么容易被发现。在修路的工程里，需要发掘完再砌上，从剖面里就能发现很多东西，这儿的文化遗物特别多，石片之类的在剖面里就掉出来了，掉到旁边的小路上。看到了一路上那一堆石料，我就捡起来拿下去给王师傅看。他当时还说："哎哟，这么多东西，快带我去看看。"我就知道应该是找到地方了，领着王师傅去看，看完，组织上就派人过来进行工作了。但是，那批东西没挖好，挖得有点儿粗。发现遗址有很大的偶然性。我还记得当时谢飞局长说："看你这人，运气可是好。"运气好的人容易发现，运气不好的人可难发现了。我也觉得当时还算是挺幸运的。之前，这附近的剖面里面经常出现石片，但就是找不到地层。我们在那附近找了好几天，最后在那旁边发现了，再后面，就发现特别多的石器出现在这片遗址。

其实，我参加考古时间还短，我发现的也就是二道梁遗址了，其他地方的遗址，我也都参加过，比如石沟、后沟等。今年发现得比较多，现在申请的"东方人类探源工程"下来以后，工作就更好开展了。马梁那边也在进行发掘工作，现在都开到九号地点了，早期的文化层上能分出层来，说是有9个文化层，但也有重合的，至少也有五六个文化层是肯定的了。去年，在马梁遗址那边挖了4个，今年挖了1个；后沟那边去年挖了1个，今年挖了4个。在那边，今年发现了有十六七处吧，不过，开始从事发掘工作的不多，人手不够，精力也不够。去年，我自己挖的，发现了不少东西。2005年，我们去调查，发现了17处呢，去年总共开了6个工地，但也挖不出个什么。

我当时在马圈沟发掘的时候，正好赶上组织学习，就开始接触新的发掘方法，说是新的发掘方法，但其实跟咱们的一样。当时，谢飞局长是领队，常在工地，通常叫我干什么，我就跟着干什么。考古这种工作，需要长期干，工作的时间长了，也就摸着些门道，什么都明白了。人家要求你要这样，要那样，跟着干就行。干活儿的时候即使不说要求量高，来发掘的工人也都明白，会用水准仪、塔尺之类的工具进行测量，大家都轻车熟路。测量的倾向是什么，走向是什么，用什么方法量，你说个数，人家心里就明白了。有人说我的发掘方法、田野发掘水平还算不错，学习能力强，这些还是得后天自己勤奋，主要我是因为我跟了好老师，学了不少东西。

在谢飞局长的眼里，王文全是调查最厉害的。后来，王老师去世的时候，谢飞局长还在《中国文物报》上专门写了纪念文章。我是他徒弟，我也有责任、有义务替师傅说这些事，帮师傅说一下，也能留下点儿他的事迹。人们没有太多的渠道能获知他的一些信息，希望能通过我的描述留下些印象吧。他这人从来没和我发过脾气，可能是比较疼我，一般不发脾气。大家都说他脾气很大，但我敢保证，他从来没跟我发过脾气。我们俩在一块儿处得非常好，特别和谐。其实，我跟谁也能相处得很好，还是很随和的，不会说跟这人这样，跟那人那样，从来没发过火。当初，王师傅带着我一起跑河南，一起干活儿，其实就是愿意带我，实际上是一起干活儿，别人做什么，我就做什么，从帮忙、打下手开始，后来才开始学习调查。师傅在前面走，我也没有可害怕的，但有时候地形不允许我们在一起，常常是这人在沟这边，那人在沟那边。一道沟分两边，俩人就需要分开跑；然后，再聚到一起说说成果，进行汇报总结。不管有没有发现，把自己看见的说清楚就行了。如果有疑惑或者发现的部分，就带着师傅去看，再确认一下。毕竟，我经验比较少，还是师傅经验丰富一点儿，有些地层我还是把握得不准确。

我跟着师傅学到的技术和经验还是挺多的，地层、地貌、如何才能发现东西，师傅都会毫无保留地告诉我；但是，发现了东西怎么去鉴别是不是石器，是什么时间段的石器，还需要自己凭经验去判断。这种鉴别的事情没有办法传授。毕竟，一开始也不认识，只能通过大量地发现、大量地看，才能有所区分，自己有一套鉴别的理论。

之前，王师傅去过有关文物的栏目组参加录制，我也跟着一块去过。那几年，来采访的电视台挺多的，大媒体、小媒体都来，中央二套、中央七套、中央十套都来采访过，不过，我还没从电视上看见过自己，家里这边收不着中央台的信号，有点儿可惜。当时，在单位，我还接受采访了，好几家媒体联合一起，搞得有点儿紧张。中央电视台主要就是来看马圈沟的，马圈沟比较轰动、比较有名了。

王师傅过世了以后，河南那边的工地也没来人，谢飞局长当时说让他们给点儿补贴，郑州方面、河北文研所和谢局长就总共出了1万块钱，当作给王师傅老伴经济上的慰问，让老人家生活也有点儿保障。后来，我们从河南干完活儿回来，就去他家看了师母，作为徒弟总归要看望一下，不过，老人去年也过世了。想想王师傅去世时才63岁,要是王师傅现在还在世的话,也得有70多岁了,我有时候也感慨生命的脆弱。

现在,我还是比较喜欢各处跑,目前刚把马梁挖完。一般上午在工地照相,照完相再去干会儿活。技工不能只会一般的调查发掘,新时代、新形势,也得学考古摄影,要不,总有一天就被淘汰了。我自己现在还没有相机,用的是单位给配的相机。曾经拍了一些照片,还有文物普查的现场,投给了《河北画报》,特别意外的是得了奖,给发了证书。当时心想,把拍的照片都给发送过去了,要是能用,还能让大家更了解泥河湾一点儿,扩大泥河湾的知名度还是很开心的,获奖是意外的事情。

在工地发掘的时候,文物普查、长城调查的时候,活儿干得比较多。2010年,我在蔚县大南山和赤城进行文物普查工作,刚完成文物普查就开始进行早期长城的调查,看看哪里有古长城,主要是寻找燕长城的遗迹。

2010年开春的时候,我去平山县的水帘洞发掘,主要是采集旧石器。发掘工地外面流着水,特别凉快。当时,我们住在景区里,环境特别好。发现的契机是景区正在那边清理洞,发现了石器就报告上来,单位派我们过去干活。名字叫水帘洞,现实里真跟《西游记》里的场景似的,有水有洞,环境特别好,景色特别美。

2011年的时候,我跟着中国科学院的宋国定干了一年,一起的还有白惠元,我们去了河南和湖北发掘。小白现在在挖马圈沟,下午,我们约好准备一块去调查。在家门口和在省外都一样,无非就是离家远近的区别,调查、发掘、拍照、登记、绘图、测量……反正都能干,既然做事,就尽可能细致一点儿。

泥河湾的遗址现在基本上都是在继续发掘中。后沟发掘了两次。我只参加了第二次发掘工作。第一次发掘的时候,我在陕西那边工作,来不及赶回来。二道梁发掘了两次,第一次发掘出的标本特别多,比较特殊的是,当时发现一片灰烬层,有用火遗迹。二道梁是李珺老师带队发掘,那时候,遗址发掘只用了几天时间，就是只起了一层地层，就是一个活动面，一层东西的黄土相对比来说好取些，一天左右的时间就可以完成工作。然后，发掘工作又用了两三天时间，后期都在持续进行资料整理工作，大部分是石器拼合工作，就是石头从哪块打下来，再帮它复原了。

这几年，我们也开始做石器拼合了，岑家湾的，我没参与，主要就在二道梁，还有马圈沟、于家沟和籍箕滩那边都拼合过。当时，也没人给我们专门讲解和培训，就看着别人怎么做的，在一边学习就行了。别人怎么做，我就怎么做，照猫画虎，再自己摸索，把石头的颜色、条纹按照不同的特点区分开，堆放在一起，然后再拼合。这种事，谁干都行，就是干得好、干得差的区别呗，反正活儿都是干出来的，也没有看出来的，还是得塌下心来好好琢磨才行。

其实，媒体过来采访还是挺好的，他们给宣传，扩大影响力。因为马圈沟，2003年，还给村里修了从山底下到山上的路。一开始走得不太顺畅，政府知道了，就给修了路。原来那条路是一车宽的路，把山一挖，修得挺好了。2014年，又重修了，这边要进行景区建设，周边的设施都配套建设，修整得挺好，方便了老百姓。今年，这几个村子又有变化了。这都是因为旧石器发掘工作和考古成果带动了周边的经济，人们也因为考古增加了经济收入。人们干了活儿，挣了钱，生活越来越好，也都对考古队表示感激，更盼着考古队每年能早点儿来。马上要建设的泥河湾景区、遗址公园都是跟考古有关的，给老乡又能提供不少工作机会。

我记得，当时记者过来采访，他们主要是采访谢局，我们就在那儿配合工作，想还原工作的场面，让我们在上面比画，拍象牙出土的情况，把象牙弄下去，进行清理，取个镜头。回想起来还挺有意思，也不知道有一天在电视上看见自己是啥心情。

为生计中途离开，爱考古再度返回

我有一段时间没在工地干，主要是因为在工地挣钱少，入不敷出，根本不够生活。那时候，一天才五六十块钱。2012年，50多块钱能干啥？那一年，我就没怎么干，跟着同乡去跑运输的大车去了。后来，我还是觉得干考古有意思，就又回来了。等到2014年，我们的工资开始涨到了90块钱，去年，涨到了100块钱。

2012年，泥河湾发掘了不少遗址，挖了照坡，挖了侯家窑的鹰嘴沟、大坡地沟等遗址，但我都没参加。那年正月，买了拉煤的大车，就是在路上看到的比较大的车，我们三个人轮流休息，一般情况下，三四天回一趟家，从大同往沙城拉煤。沙城那边有电厂，就帮着煤厂去内蒙古拉煤，去鄂尔多斯拉煤，但干了没多久，就不想干了，路上特别辛苦。虽然拉煤送到土木村能挣钱，但我们白天、晚上地跑，休息不好。虽然不危险，但我驾驶证是B2的本，开大车要A2的本，只能大本开小车，不能小本开大车，被抓住了好几回，罚了不少钱，基本上就等于白跑一趟。到了2013年，我就回来了，不想跑车了。当时是三个人合伙买的，现在车都给他们了，我就退出了。想了想，还是对考古比较感兴趣，也轻松一点儿。

2013年，我又在这儿调查了，在大田洼台地、侯家窑、蔚县西沙河、南台子、下马碑这些地方都挖过。不过，那时候还没有涨工资，还是那么多钱，我待了没多久。2014年，就去河南了，给河南郑州市所干活儿。那时候，挖张承高速，我们就去跟着工作了，一天给100块钱，就是离家远点儿，一年也回不了几趟家，基本都在外面。这样的话，单位没人干活儿，我们就涨工资到一天90块钱，开始往回叫人。

组织上曾经想让我去社科院周振宇那里，后来也就没消息了，其实，这事还跟单位商量着来，看看领导是什么态度，要是能签订长期的劳动合同就比较放心，比较有保障，那边是常年的工资，也就是12个月的工资，不像现在，干多少给多少。今年，又说这边要开设考古基地，要是成立了的话还挺好的，就不用去石家庄上班了，起码有个单位，还不用去很远的地方了。我现在基本都不去外地工作，单位的活儿都干不完，不能去外面。今年差不多忙了一年，从2014年到现在工作就没断过，每年都得干10个月左右，等到了播种、收秋的时候，才请几天假，回去帮帮忙，好在家里现在有老爷子还能帮帮忙。

我坚持到现在，得到了家里的大力支持，主要也是我喜欢，家里人也尊重我，反正干了这一行，也就不想干别的了，别的也不喜欢。现在待遇基本能解决，虽然不多，也能凑合过。

岑家湾这个地方就俩姓，姓白的和姓李的。一开始，马圈沟、飞梁都属于岑家湾的地界，马圈沟施工的时候，岑家湾的人本来就多，工地一缺人，大家就互相介绍人来干活儿，这样，姓白的工人就比较多。平时发现些标本从一开始的很高兴、很激动到现在都变成很平常的事情，毕竟，发掘工作经历得多了，心情也会跟着有所变化。现在发现的遗址比较多，就剩下发掘的工作要进行了，要是出土一件比较好的东西，就看一眼，再感叹一下，觉得还不错。有一些刮削器或者二次加工过的石器都算是挺好的了，不过，再好也是石器，偶尔伴随出土的一些骨器还有点儿意思。现在发现了新的遗址就觉得挺重要，多了一个可以做研究的点。

二道梁遗址挖完了之后，那一批东西一直留到了2008年，在考古所放置了六七年才整理出来，材料多，数量庞大，整体比较好。整个泥河湾晚期的盆地里边，最重要的就是晚期的石制品——细石核。这个石核分几种类型，很多都是楔形石核，但是二道梁出土了唯一一批船形石核，也是我发现的。船形石核比楔形石核技术还早。后沟和二道梁的调查方法有一些区别：二道梁是阶地，寻找河流阶地堆积里边的东西；后沟是在寻找早期的标本。二道梁距今2万多年，后沟距今几十万年，然后再找就应该找距今100多万年的遗址了，时间上的差距还是很大的。我们这块从距今四五千年一直到距今几百万年都有遗址，每个年代的都有。现在，整个泥河湾遗址群这个地区范围，大家对考古都比较习以为常，接受的程度比较高，一说考古，从老人到小孩儿都知道。常在工地干活的人发掘技术熟练，比我们都挖得好，常年干考古的技工、民工都知道什么石器、石片、化石。基本上，每年发掘都雇用村里的人家干活儿，家里没事的村民就过来积极参加，没有发掘工作的人就在家种地农耕。现在，我们在单位干活儿或者去别的工地干活儿，主要是以一些室内整理工作为主。如果一些单位的考古工具和设备没有人会使用的话，基本上这些设备就处于没有用的状态，就会有些浪费资源。

发掘的情况记录、拍照、画图纸、一手资料都是我们自己亲自动手。每年都会有一些过来帮忙的人，比如说，工地需要人帮忙拍照，我们也拍三维照片，但得看遗址的需求。前期在地里干活儿时候，肯定把前期工作做好，再把数据拿到室内做三维建模。我们学过理论和技术，但是，不经常操作就很容易生疏，不过，投入工作后熟悉一下就好一些，很快就能上手。

我所有的技能基本上前期来自师傅教，源于师徒传承，后期就靠自己摸索，"师傅领进门，修行靠个人"嘛。现在，实际不用怎么学了，真正的技术，咱也学不了，但大多数普通的工作还是很好上手的，拍照，咱也能拍，但现在的工作里一台相机也没用，不能系统地操作，考古系统操作起来比较麻烦。

2014年的时候，发掘镜沟遗址，在油房附近。当时选的地方定了4米的发掘宽度，发现了不错的文化层。当时调查的时候，发现它地理位置比较好，正好在那一层出土的遗物比较丰富，一般人看不出来，也不知道土里面埋的什么，但经验告诉我们，一定有东西。话虽然这么说，全凭着经验也有预测错的时候，这些东西调查一般都能挖出来，就看你挖得多少、好坏。

还记得2007年我们参加南水北调工程，在干渠上挖了105座墓，都是汉代墓葬，后续在唐县还挖过商周遗址，没事儿的时候再做石器拼合，反正这些东西没专门学过，干着干着、看着看着就会了，主要就是干活就行。

墓葬和石器的区别

挖墓葬和挖石器有一些区别，比如说技术方面，墓葬主要找开口、轮廓，主要找边、画图。打开墓，骨架、棺材板还在，即使棺材板被沤得不成形，炭化了，但轮廓还能看见。汉墓的话，一般都被盗完了，铜镜、车马饰件、铜钱比较常见，其他几乎没什么。发掘墓葬主要跟搞工程联系得比较紧密，比如说施工，就需要派单位去勘探。做勘探工作的拿探铲一探就知道这里有什么。它不是施工翻出来的，你得先用探铲勘探，根据划定的范围，把人家走的线路整个勘探一遍，看看附近有什么。所有施工之前都有这个规定，必须得勘探，尤其是有大型工程必须得先勘探，主要是为了保护那些墓葬。先调查，再勘探。

我们做调查也是拿个小地质锤，像旧石器，就拿个小锤，如果是晚期遗址，就拿个手铲，拿手铲那基本上就地面能看着，地面有陶片就能定，有陶片、石片就能知道里面的信息。搞调查的就是这样，我们经常在山里走，山路也都勉强能爬能跑，有时候遇见比较陡的坡，也得硬着头皮去爬，要是有好的剖面地层，能上去的尽可能上去看看，这东西就要看个人能力。

刚开始学那会儿，技能少，一般人专注于调查，专注于发掘，或者绘图。我杂七杂八都学，绘图、摄影……什么都干，会的多了，活儿也就多了，一个人能干好几个人的活儿，来找的人肯定就多了。像现在，光会调查、不会发掘也不行，光发掘、不会调查也不行，现在照相啊、绘图啊，需要更多的年轻人来学习，年纪大了，上岁数了，眼神都不太好，学起来也费劲。

我们在工地也不分冷热，不管什么天气都要在工地做发掘，不能冷了不去了，热了不去了，没事请假，那不是一个干活儿的态度。你要想请假，天天请假都行，但干活儿这事，就是干出来的，不是待出来的。去年，我们在油房遗址挖山洞的时候，正好赶上冬天，山洞里全是火石，不容易塌，在那里面挖的东西比较多，品相比较好，但是在里面一天也见不到阳光。那么多冻土，等到后来下雪的时候，我们都没挖完，最后总共挖了3平方米多点，挖出8000多件快9000件东西。其实，在那儿干的时间还挺长，从刚开始天热的时候就开始干了，不过，那会儿在山洞外面，后来天冷，就跑洞里面去了，正好干反了活儿，要是天热的时候在里面，天冷的时候在外面，还是比较舒服的。

挖旧石器不像挖墓葬，得雇人看着，旧石器，人们懂得少，大多数人都不认得旧石器和化石。我们挖墓葬的时候就要轮流值班看着，天天看着，就在挖骨架的坑边上睡，当时也不觉得有什么，不觉得害怕，要是习惯了，就都无所谓了。冷了，就多穿点儿，热了，就戴着草帽喝点儿水，想克服困难，怎么样都能克服。有一年冬天，在保定挖墓，元旦以后才回来。那时候，冷得都开始下雪了，印象中还是挺深的雪，挖出来的东西要在画过图以后都取出来。骨架绝大多数情况都是要直接清理掉，不能埋在里面的就都堆在外面，要是有航拍的环节，更是要全部取走，要不，之后施工就会挖走。大多数情况下，骨架没什么意义，我们的研究对象不是骨架，但除非是专家要用整个骨架研究丧葬制度，不过，我们接触到的大多数都是平民墓，没有什么研究价值。

踏实考古，心存希冀

自从做了考古工作，就有师傅带我，王文全、白日有带我调查。现在，王文全去世了，但白日有还在工地工作，我经常跑去跟他一起。回想起当时师傅教我的时候，让我跟着调查、跟着跑，跟我说什么地方可以发现东西。一般这种被指导过的地点，可以发现的标本的概率比较高一点儿。师傅会说某个地方能够发现石器或者化石的概率有多少，然后嘱咐完我之后，让我自己去遗址附近跑跑，练习调查，慢慢琢磨师傅的话，慢慢积累里面的知识点。只要腿跑得勤快点儿，别人不去的地方，我去看看，也许就能比别人有更多的发现了。"多跑""多看",这就是师傅给我的四字要点,所谓调查能有收获,就得是别人不想去的地方也去看看,也许就能发现。调查工作没有完整的、特殊的步骤,就只能顺着沟走,顺着大自然的指引,到比较深一点儿的地方。另一方面,调查其实就是看看有没有山,有没有水,主要就是水源问题,看一下大环境的走向。通常来说,有水的地方一般有遗址,或者可能有生活过的痕迹,重点寻找大河边上的二级阶地、三级阶地,就很容易发现东西。

我从事考古工作也算挺长时间了,村里的也好,外来的也好,现在没有年轻的小伙子愿意做这个。去年,我们招了一个同事,叫小松,他还比我大两岁。调查工作现在都没人干了,3000多块钱的工资太低,从经济上看没有诱惑力,但他们只看到经济,看不到里面的魅力。我们干的时间长了,现在和单位签了劳务合同,别的地方也去不了。不过,还是要对未来有所期待,不过,要说规划,我目前还没有具体规划,就希望年年都能把工程进行下去,每年都有活儿干,再多找几个重要的地点挖一挖,看看能不能出现奇迹。因为泥河湾遗址目前主要就是寻找猿人的遗迹,现在最希望的就是出土和人类相关的东西,和人类相关的,不管是什么都好,任何一块骨头也行。这样的话,泥河湾的知名度一下就提高了。现在挖出来的主要是兽骨和人们生活的遗迹,至于为什么没有具体的人骨,不好说。按说他们砸过、吃过一些动物的痕迹或者制造的石器点也已经发现那么多,人们生活过的地方也很多,痕迹也很多,但就是一块人骨也没有。有可能遗迹被搬走,有可能被水冲走,但石器和生活场景都在,就算是集体迁居,在这里生活了这么长时间也有死掉的人,应该会留下痕迹啊!但这么长时间,就是找不到,虽然奇怪,但也是我们继续工作下去的动力。

到目前,就一处中期的侯家窑遗址和晚期的大底园遗址出土了人头骨碎片化石。这边立着的石碑就是类人猿,象征猿人生活过的地方,是东方人类故乡的标志。就是现在还没发现更早期的,我们就接着调查,只要是调查发掘，就有可能挖出来，不可能调查发现人头骨，除非正好碰见人头露出来了，所以就得靠一点儿一点儿发掘。这也得看缘分，不着急，一年一年慢慢干吧，这也不是着急的事情。

　　这么多年，就差时间、契机、机遇吧。很有可能很快就出现了我们想发掘出来的东西了，待了这么多年，这么多遗址，一块人骨头也没见。这样的情况不好推测，有生活的地方和用餐的地方，就是找不到人类，一点儿骨头也没找着，也可能是这种标本不太好保存。我们最近的工作特别忙，最近一年两年的行程基本都排满了，下半年就排到正月了，单位的活儿都干不完，还得挖墓、挖遗址，零零散散排得满满的。这么多年，一直都是平平淡淡的这些工作，每天只要踏踏实实干活儿就行了。踏踏实实做人，踏踏实实做事。考古，就这么枯燥，但乐在其中。

白惠元：源于热爱，不惧孤独

白惠元，1987年生，河北省阳原县岑家湾村人。农民考古技工。曾获阳原县"十大优秀农民考古技工"称号。

2004年加入泥河湾考古发掘工作，参与马圈沟、马梁遗址发掘。

考古之缘，泥河湾始

我小时候经常能接触到考古队的一些人和事，当时就产生了一些兴趣。我初中毕业就不上学了，大概在2004年夏天，参与泥河湾考古工作，刚开始在工地干活，熟悉考古发掘的相关工作，后来主要做遗址的调查工作。我父亲也是干这个的，刚开始是他带着我，后来考古队里的人增加了，就是跟着这个干，又跟着那个干，反正我年轻，都得学习，跟谁学不是学，就抱着一种学习的态度慢慢做这项工作。

最开始是在马圈沟遗址锻炼，刚去的时候和其他的民工一样，筛土挖土，到后来慢慢地熟悉了尺子、罗盘，然后就开始测量了。其实，我刚开始就是一个民工，民工干什么我就干什么，也没有技术含量，后来学的东西和接触的东西多了，才有了一点儿自己的想法。主要是我对这个比较感兴趣，考古挺有意思的。

虽工作枯燥、调查艰难，吾往矣

让我现在回想自己之前的工作，好像没有印象深刻的事，毕竟考古这项工作还是很枯燥的，每天做的都是一些重复的、机械的工作，但这些工作是必须要做的。现在基本每年都会有发掘，不发掘的时候就进行调查工作。我今年在外面调查了一个多月，到了一些不同的遗址，心情都会有些变化，想到未来有可能通过我的调查发现什么，就觉得很有希望。我基本上主要是参加泥河湾遗址范围内的调查，前几年也会到外省去调查，但是比较惭愧的是，我现在还没有特别重大的发现，之前的后沟5号地点就是我发现的。其实，每个人都会有发现，或大或小，有时候因为经验不足，也会忽略很多东西，经验只能靠慢慢积累。

关于调查工作，我的经验主要是腿勤、眼勤、嘴勤。

后沟5号地点是2005年春天发现的。刚开始，我看见坡上面有一件遗物标本，随后就一直慢慢往上找，发现只是有一点儿化石，石器还没有露出来，后来把范围扩大，往里边一找就发现东西还是不少的。之后，调查发现东西不错，就试掘了一下，现在还没正式发掘。那一区域投入了不少资金进行调查，发现了至少七八个层位，后来在那里反复进行了多次调查，发现多个层位，那里还是挺重要的，负责人曾透露可能未来想申请一个课题，详细地做一做该区域的具体工作。

只要有发现，就会觉得轻松不少，要是总是调查却一处都找不着也不好说，也有压力。其实，我们的调查方法上和我父亲那一辈没太大不同，现在只是比较方便，可以利用军用地图一类辅助调查。

相较于发掘，我其实更喜欢调查；不过，这个还得看领导安排与工作需要。与发掘相比，调查会相对自由一些，但压力也会略大，发掘虽然略显枯燥，但往往会有更多的期待。总而言之，工作都差不多，都是重复性比较强，对耐心、细心等要求比较高。

如果不去调查和发掘，平时就回单位整理资料，每年都有两个月的时间整理资料，然后明年再做新的工作。整理工作也是很麻烦的，发掘的标本很多，得到的数据也很多，做整理也是件费心的事，需要投入很多精力，熬夜加班便成了家常便饭。

考古技术与设备的发展，提高了工作质量

在工地发掘，没挖到文化层的时候注意一下地层变化，就可以每天往下挖；出东西，就得仔细盯着，得观察遗物的变化，或者遗迹的出现，相比于土方，投入的精力更多一点儿。有时候，还会面临塌方，我在上半年发掘的时候还经历过类似的事情。当时，那个探方壁有一定坡度，刚开始计划每米预留10厘米的坡度，第一个剖面有3米高。挖到30%的时候，老师说不美观，就让把坡度降低，说不会塌方。后来，挖到3米，仅留有5厘米的坡度，看着是好看了，但是晚上就塌方了。像去年挖马圈沟的时候，一开始挖着没事，后来越挖越深，上面土方压力大，下边又空，就会出现裂痕。其他方面，比如说剖面挖得深，后期采集土样就得小心。好在这些年的发掘工作和前辈们那时候相比精细不少，方法多了，设备也多了，原来的工具也没有现在的精密，现在还有无人机航拍、三维建模、全站仪测绘、3D扫描等。这些技术含量比较高的设备，每个工地都在积极引进使用。这几年，随着数字化的推广普及，大家慢慢用着都觉得不错，就会相互交流、互学互鉴一下。

士不为世难，干一行爱一行

在工地上的很多人都是有亲戚关系的，比如白世军和我是一个村的本家，虽然不是直系亲属，但在村里是一个大家族。做考古这一行很多都是亲戚或者认识的人介绍慢慢接触，然后加入进来的。

我对未来的一些想法，就是想到处跑跑，能够把泥河湾遗址群跑遍、摸透。现在，和考古队签订了劳动合同，想去其他组织或者考古队都不可能了，必须得组织同意才行。以前签了劳动合同，老了以后会有保障，但是现在不行了，虽然现在也签合同，但不是长期合同，第一次就签两年，第二次签的两年半，可以续签，我们是属于劳务派遣，保险方面也能够给保证，但是我们也是与第三方劳务公司签的合同，这部分钱来自这家公司。现在的工资和相关保障如果想要维持现在的生活确实是有点儿困难，比如，这个月就发了3000块钱，相对比较少，刚刚能维持生活开销，但是就怕以后遇到急事，这肯定远远不够。好在现在孩子还小，还没怎么上学，压力比较小，还没到迫不得已的时候。既然签了合同，能干下去养家糊口，我就先这么干下去，实在干不下去，再说吧。干一行爱一行，反正我也很喜欢这份工作，努力维持吧。

考古的待遇就是这个样子，支撑一直从事考古事业的人们都是因为爱好。我也没什么特殊的，就是一个考古技工，入了这行再想转行就很困难了，毕竟还是有一些专业性，以及和其他行业不一样的地方。刚开始入行的时候，工资还好，在工地干给12块钱，在那时候已经是很多的钱了，后来到单位给18块钱、20块钱，多的时候也就28块钱。那时候，相比于在外边打工一年赚的钱不少了。现在，随着物价不断上涨，3000元的工资确实是有点儿少了，所以也就不会吸引越来越多的年轻人加入这一行了。对我而言，转行也不是轻易可以转的，因为其一没什么好的文凭，其二这些年精力都在考古上，也没有在其他方面习得一技之长，到外边只能是干点儿体力活儿。与之相比，考古技工也算得上一门小手艺吧，毕竟干了这么多年，不能说完全掌握，但做工作起码也算得上是得心应手吧！

遗址群南北各异，泥河湾工作如昔

这么多年，除了泥河湾遗址群，在其他省的遗址也做过不少调研，不过大部分集中在前几年，像河南、湖北、重庆、山西等地，这几年基本上不怎么去了，守着家里这片地方够转好多年了。他们那边的遗址调查和咱们这边的区别不大，但总体上，南方和北方还是有区别的，南方的堆积没有北方的好，咱们这边沟壑多，底层堆积剖面出露较好，南方就不一定有这么好的堆积。发现的东西有明显的差别，南方和北方石器形制不同，北方以传统小石器为主，南方以砾石石器为主，比较粗大，不像北方的比较精细。至于地层堆积，越到南方越难找，有时候发现的堆积只在地表。咱们这边发现的基本都能找到地层，比较明显，像泥河湾地层堆积比较厚，到山西、陕西这一块儿的黄土高原上，黄土地层比较多，湖北那边一开始怎么也发现不了地层，后来找到规律，摸清河流什么的，就找山头，堆积面貌不同嘛。走过这么多的遗址，泥河湾和其他地方最大的不同就是地层，泥河湾这一块儿是年代比较古老的，泥河湾地层堆积之中的遗址很多部分都接近100万年或者以上了，但是，外边的调查基本上没有这么久远的遗址，虽然肯定也有距今20万年左右的，但是相对来说比这儿年轻不少，外省一般就参加发掘一些晚期的遗址，因为没有那么古老的地层。另外，泥河湾的地层也比较特殊，土的颜色完全不一样，泥河湾的堆积还是比较清晰的。

从2004年接触泥河湾开始，2013年以前主要是学习技术、积累经验。2013年以前，资金、人员等各方面投入都没这么大，每年工作最多也就开展两三个月左右，那几年也是跟随刘主任参加过历史时期的遗址。2004年，参加了一次发掘，然后就开始做整理工作，主要是整理各种石器、数据；2006年，省里没给旧石器多大投入，就在历史时期的遗址干了一年；2007年，在张家口勘探过一段时间，然后就没活儿了。所以考古工作也不是那么稳定，比如2006年有11个月在考古工队里度过，2007年也就两三个月。那时候，没活儿就在家等着考古队的活儿，但是不能就一直在家等着去工地干活儿，完全维持不了生活，也想着干一些别的工作，就去做了汽车修理，做了一段时间，感觉没兴趣，等到2009年有活儿了，就果断放弃了汽修工作，回来做了老本行。2009年、2010年，又干了两年普查工作，2011年，主要是在单位做了一年整理工作，整理这几年的调查成果。2012年，也是没什么活儿了，经单位领导介绍推荐，就跟着中国科学院研究生院的师生到湖北、河南跑了一年。

2013年之后，就比较稳定了，每年都是从5月份就来，到11月份才走，基本半年就待在这里了，就一直在这里待着了，哪里也不去了。前几年不稳定，考古形势也不好，这几年稳定了，生活状态也好了。还是喜欢这种相对比较稳定一些，因为我家就在这里，在泥河湾工作，可以照顾一下家庭，不像在外省一去好几个月，家里面有啥事都回不来，也处理不了，在这比较稳定还是比较好一些的。

胡忠：考古有困难，也得克服

胡忠，1956年生，河北省阳原县浮图讲乡下卜庄人。农民考古技工。曾获阳原县"十大优秀农民考古技工"称号。

2000年参加考古工作，至今已近20年。工作期间参与河北省、山西省、河南省等多地考古工作，其间参与马梁遗址、后沟遗址、斗川二道梁遗址的调查发掘工作。

考古就是惊险与惊喜并存

我今年60多岁了，是从什么时候开始接触考古的呢？大概是从2000年的时候开始参与考古发掘，一开始主要是在地面上做一些工作。到2004年，开始看地层里的东西，看一些堆积的情况。那么多工作单单挑了考古这一行也是因为爱好，以前我就是种地，完全没有接触过考古，后来我在地里捡到了东西，发现挺有意思的。一个特别偶然的机会，成胜泉所长拿着东西让我看，我看着看着，就喜欢上了，知道是标本，就开始自己琢磨。我一直都对成所长他们找的东西挺感兴趣的，从刚开始不知道是什么，到现在也能摸清点门路了。我们中间很多人都是在很偶然的机会接触到考古，像白日有师傅也是在发掘的过程中，专家去他那里吃了顿饭，把东西放他家了，多看了几眼，就觉得挺有意思，慢慢地也就干起考古来了。我现在全国各地都会去，像是河南的一些遗址等。

考古还是挺有意思的，你永远都不知道你面对的是什么。一开始做工作是成所带着我做，后来是王文全他们几个经验丰富的技工带着我们一起，里里外外跟着他们两年，最后我自己积累了经验就能自己做了。刚开始在地面捡到标本就觉得很不容易了，后面参与发掘地层、发掘探沟，就更有意思了。

去年，有一回我在一个洞沟做发掘工作，环境挺危险的，当时差点儿掉下去，吓得出了一身汗，我们在那休息了十多分钟，等体力恢复了，再继续前进，现在想想都后怕。我们这群人，大多数都是做调查出身的，全凭一步一步走出来的经验。我跟着高文太一起去唐山那边调查过几次，高老师总在前面走，腿脚特别利索。像我们这样的，走路都走习惯了，一般人都跟不上，像爬山啊，走坡路啊，都如履平地。

泥河湾这一块，主要是调查为主，也发现了不少遗址，像后沟、马梁等都是我们发现的。我们都是专门出去找，没事就要出去看看，哪儿有哪儿没有一些线索。有的时候，天气不好，比较恶劣，尤其是夏天的时候，会遇见狂风暴雨或者电闪雷鸣那种天气，风很大的时候，在坡上都站不住，但这种事情你也没有办法，我们也要坚持，总归就是比平时多在意一点儿，尽量小心一点儿。我现在基本上只做调查工作，有需要的时候，我就去调查，没需要的时候，我就回家继续去种地。家里还有我老伴、儿子跟闺女。有时候，也想让孩子干我这个，但是，一个是他不喜欢，另一个是工资不高，养不住家。我们年纪大了，花费比较少，基本上能维持住家里的运转，但是，要是让孩子养家的话，估计还不够。自己孩子不做这些，我就收了徒弟，现在徒弟都跑出去干活儿了，也算是能出师了。平时，就教徒弟们一些调查的知识，看到了就刨出来，然后带回来，看看是什么样的石器、什么时候的石器。主要就是要学会看地貌、看地层，有的小孩儿没有经验，看不准地层的分层，就觉得特别难找，确实也是太难找了，因为看地层是一个基础，只有学会了看地层才能找到东西。我经常手把手地教他们跑地层，告诉他们跑哪一层，怎么去跑，但是最后还是得靠他们自己慢慢地积累经验。

虽然有的时候环境和条件恶劣一点儿，但能发现东西还是很惊喜的，有时候发现地层有变动，用工具一刨，就能把标本刨出来，再仔细看看具体是什么情况，很多石核、石片就出来了，一看还挺好的，就很高兴了，也比较有成就感。

基本上，我们做研究，不管什么样的情况都会坚持下来，直到实在不行的时候才回来。正常上班的时候，都坚持到最后下班才回来，早出晚归都习惯了。调查的时候要是有工作站，我们就中午过来吃一点儿，下午再出去，要是跑得远的话，中午就不回来了，带着一些干粮、水和一些随身能带的食物就走了，大多数时候就是馒头、鸡蛋、矿泉水。路上走着，随时饿了随时吃，一边吃一边调查，找个树荫凉快的地方歇一会儿，歇半个小时、一个小时就算休整了。冬天比较冷，我们就带着些不怕天气影响的食物，比如饼干。其实调查，还是春天比较好，夏天，草丛太多了，树叶那么茂盛，不方便看地层的具体情况，不过，我们一年四季都要调查，不管是夏天草多，还是冬天天冷，我们都已经习惯了，都会坚持在第一线继续调查。今年，我们又发现了26处遗址，有两三处已经开始施工了，其余的也都做了标记。早期的调查和现在的调查也没有太大的区别，一开始就是刨地面，后面再是地层里的东西，反正最终都是要找地层的东西。早些年，我们出去比较简单，就拿一把小铲就行，走到哪儿就刨刨看看具体有一些什么，现在也是这些工具，但是多了一些科技含量高的，不过，我们也不怎么用，都是一些年轻人用得多，习惯了以前的老办法，工作起来也更顺手。

坚持来自爱好，乐趣源于生活

旧石器还是比较吸引我的，坚持了这么久也主要是因为爱好。干考古这一行，干的活儿多，挣的钱少。我的衣服每天都被汗弄湿，也是挺辛苦的。虽然这么喜欢，但说到收入啊，就比较紧张了，好在家里比较简单，即使是工资不高，也能坚持下来。我身上这件衣服，高老师也有一件差不多的，都是单位给发的，第三次全国文物普查的时候统一发的。那时候，也跟着一起做普查，好像是2007年、2008年的时候吧，主要是去邯郸涉县，承德围场、康保、尚义那边。我们分了两拨人，一人管一部分。那时候，主要挖出了一些动物的骨骼，有鹿的啊，马的啊，别的也没有什么，毕竟主要还是旧石器时期。我在单位整理过一些标本，一个挨一个地给它们编号，然后又做拼合，主要还是拼合和修复。

泥河湾这边的遗址挺多的，我个人比较喜欢马圈沟，它是年代最早的，距今有200万年；但早期的东西比较粗糙，晚期的相对精细一些。我也会一点儿打磨石器，闲下来的时候就会找块石头打磨，但也比较粗糙，还得练。

天天出去跑调查，总跟不同的人打交道也是挺有意思的。有时候，我们出去在野外，也能顺手逮住一些野味，白师傅之前就抓到过兔子，这种挺常见的。还有一回，我们被当成盗墓贼了，身份证被扣了，人也被扣了。那时候，去侯家窑跑调查，走着走着就进到山西界了，来了三个人，说是山西古城派出所的，非说我们是盗墓的，就把我们带到古城派出所去了。后来，还是成所长跟山西古城派出所沟通的，才把我们放出来了。我说我们是考古的，非说我们是盗墓的，怎么说也说不清楚，像这种事情也还挺多的。

即使在工作中有困难，也得克服。一般有一些可以预见性的危险，我们就提前把危险排除了，比如把土清理走、防止塌方等不确定情况，尽可能地保证一个安全的工作环境。

全阳原县的农民考古工作者也就十来个人，人不多，都挺熟。在调查过程中，因为人比较多，所以大家的想法也不太一样，容易出现分歧。大家的调查方法、调查范围、调查时间都不太一样，基本遵从个人的意愿，你想在哪一块地就去哪一块，他看中了另一块地，就去另一块，自己操作，自己尝试。其实，这个互相之间也并不会有很大的影响。毕竟，主要是找标本，只要能找到标本，那就是很好地完成了任务，就可以了。

阳原这个地方有泥河湾，来的学者也很多，我也接触过好多人，现在主要接触北京大学和河北师范大学的老师，比如梅惠杰、赵海龙、王幼平等，他们对我非常了解。我们去到北京的时候，王老师就说，南方的石器和北方的石器很不一样，南方的石器个头比较大，咱们这边主要是小石器，大的也有。我主要就是搞调查，他们讲课，我就跟着听。发掘的过程中，也总能遇见一些不错的标本，我在一边默默地看着，心里也是非常高兴的。对于泥河湾，只要能挖出东西，我打心底高兴，也挺激动的。

未来希望泥河湾能够早日找到古人类的头骨化石吧，这么多年一直都没找到。现在，我们一下雨就赶紧出去找遗址，因为有的时候能冲刷下来很多之前没注意的东西。虽然下雨天山坡上会比较滑，站不住，还有一定的危险，但还是想能尽力多去看看。

宋存瑞：投身热爱，荫及将来，永不止步

宋存瑞，1952年生，河北省阳原县马圈堡乡慕家窑村人。农民考古技工。曾获阳原县"十大优秀农民考古技工"称号。

2012年参与山兑、马梁等遗址发掘工作。

回忆最初，幸遇伯乐

最早是因为热爱，在20世纪80年代，就和河北地质学院（今河北地质大学）一直有联系。在这之后，有阳原县的人来和我联系，于是，1995年发掘姜家梁的时候，我就去了，之后也就没有什么联系了。到了2008冬天的第三次全国文物普查，成胜泉所长让我和他一起去调查，其间，我们走了河北省的9个市，也不记得多少县，几乎每个县都去，途中又一起去了湖北丹江口。从那之后，我就走上了考古的道路，之后，就和成胜泉所长一起工作。

我在泥河湾发掘马梁、山兑等遗址。泥河湾这边，我跑过不少的地方，调查和发掘都做过。开始的时候，就是成所长带我，同时，自己因为喜欢也研究学习了不少。要说我付出精力比较多、在考古工地待的时间比较长的，应该是小长梁和马圈沟，也相对更有感情。

工作有风险，流域有差别

泥河湾的地层，早、晚期的变化比较复杂。比如说，小长梁、马圈沟、岑家湾这些遗址有些地方的地层比较厚，但它却属于早期。

在工作过程中遇到危险的事是比较多的。比如，在我没参加泥河湾的考古队之前，我自己在我们村观察一个地层，有一个地层在我走过之后就突然坍塌了，如果再晚走一步就陷在里边了。还有一次是在榆林关，上去的时候没问题，但下来的时候由于沙子太滑，很困难。我遇到的危险主要就是塌方。以前我和胡忠、胡文、白世军、白惠元等在一起工作过一段时间，这些人都对我有比较大的影响。后来，基本上都是和其他人一起工作，一般都是学生，像山西大学、河北师范大学、中国科学院大学。现在，由于家里的一些情况，我没有去工地，之前是在小长梁这边，是属于中国科学院的范围开展工作。现在，一般就自己出去考察一下，看看其他地方，还去过新疆、西藏这些地方。

我在调查中没有太多的发现，只在当地有一些发现，去外边，我一般是看地层，也比较喜欢研究古河道。在我参加考古队之前，我还想要把所有地层全部排下来，但是研究得越深就越糊涂，越搞不清楚。泥河湾的范围非常大，里边包括的地层也是十分复杂的，它的一些地层经过淤积和侵蚀，变化非常复杂，是一项需要研究的重要内容。

泥河湾和其他流域就有很大的差别，单是山南、山北就有很大的差别。阳原和涞源海拔高度基本相同，阳原有泥河湾地层，但涞源就只发现覆盖了大片的黄土，并没有发现泥河湾地层。对遗址的调查勘探，先要大致看一下地层，大概判断一下会有什么，之后再分析它有没有水源，如果没有河流的话，就没有调查勘探的必要了。现在，在考古中使用高科技手段是非常有必要的，对地层的判断是最主要的问题，最方便的就是用电脑进行分析，看地层之前有没有河流，是否有人类居住，等等。

奋斗现在，心怀希冀

我个人还是比较倾向于做调查工作，我对于河道的侵蚀下切还有淤积很感兴趣，但是研究之后发现太难了。考古工作中也没有什么有趣的事，但是和同事们相处得还是比较好的。现在，年纪也大了，和我工作的同志们也都挺尊敬我的，整个过程都很愉快。

我最早发现遗物遗迹就是在泥河湾这一块，发现了比较多的石器。鱼嘴沟等地也发现比较多。现在年纪大了，也有点儿想不起来。我比胡忠、胡文稍微晚点儿参与泥河湾工作，和白日有、胡忠、白惠元、白世军一起进行第三次全国文物普查。

等家里的事处理完，我应该要去蔚县那边继续工作。我打算等我老了之后，不能出去工作了，就把我的经历和想法写一写，也能为自己、为子孙留下点儿什么；也希望未来能够对泥河湾的地层年龄有更深入和更精确的研究。

胡文：搞调查，迷路受伤都是常事

胡文，1953年生，河北省阳原县浮图讲乡下卜庄人。农民考古技工。曾获阳原县"十大优秀农民考古技工"称号。

1985年接触考古工作。工作期间参与河北省、山西省、河南省等多地考古工作，其间参与后沟遗址、东谷坨遗址的调查发掘工作。

开始做考古，全凭兴趣

我是从2013年开始从事考古工作的。那时，考古队在我们那边调查，因为咱从小爱这个，所以经常翻看他们捡到的石器，经常对着石器进行比较、钻研。新石器和旧石器都钻研，所以他们就招我进来，正式进入考古这一行。我去过山东、江西、福建、山西等多个省。去年，我们在福建也没少走动，头一次我们去了3个多月，第二次也将近3个月，走了福建好几十处地方，调查了五十几处遗址。主要就是找旧石器遗址，帮忙辨认一下哪些是真的石器。

2013年夏天，我到了泥河湾。河北省文物研究所的所长和队长都挺专业的，就把我招进来了。进来后，就开始在这里调查，去年发掘了两三个月，到今年已经在马圈沟待了3年。胡忠是我兄弟，我们住在一个村，离得比较近，他做考古工作很多年了，又比较热爱考古，每次有东西都要去看看，特别有热情。我没有他那么高的兴致，就是比较感兴趣，觉得看这个有意思。但要是说看的话，也有好多年了，我2013年就接触石器了，比如石核、石球这一类，有的人很难辨认这些，但我一看就知道，也没有什么特别的方式，感觉是天生要做这个工作。

我一开始是信用社的会计，后来兼任村里大队的会计，在村子里干活儿，时间比较充裕，可以没事儿看一看这些石器。我之前没具体干过考古工作，最主要的是没有大把的时间，后来信用社合并了，我刚好没太多事情了，成胜泉所长说我还比较专业，就让我过去，然后就到了文物研究所这里。日常工作中调查多，去年在泥河湾待了3个多月。这么多年，我主要是进行调查，后沟遗址是我发现的，当时都是徒步，拿着地质锤、铲子一步步地走，慢慢调查出来，发现了以后，他们就开始发掘。一开始，是我弟弟在这儿做考古，我也挺感兴趣的，基本上他的工地在哪里，我就去哪里看，跟着过去参与一下。在西马庄那边调查的时候，我弟弟拿着东西，我跟上去看，他就兴致勃勃地告诉我这是什么，那是什么。一开始，我什么都不认识，也看不出来门道，就觉得还挺好玩的。当时后沟调查，六七个人一起进行，第一次进去就发现一块石核，也可能是因为我经验丰富，直接用斧子挖出来的。我当时没有师傅，全凭自学，是通过调查，自己慢慢看、慢慢琢磨出来的。后来，我就知道什么是石器了，能看出一些门道来了，但是，现在眼神不太好了，开始有点儿老花了，看不太清了。

我的主要行程还是要根据工作的具体安排，基本上就是今年在这里，明年哪里需要了就去哪里。调查工作也是组织上给你安排好了，需要到哪些地方去，大概多长时间，好像每年的事基本都差不多，大同小异吧。刚开始的时候，我这方面的知识不多，我在家里干活儿的时候，那边有一个土台子是制高点，我经常到那个地方去看，它的表层就在外面裸露着，把中间露出来，跟现在不太一样，这个地层挺好的，拿铲子下挖，把土刨掉就可以了，现在就不好找了。

我参与的最大的一次考古发掘就是禾尧庄遗址，发掘大概有一年的时间吧，挖了一年就挖完了，冬天的时候上冻就不能再施工，得用塑料布盖着，禾尧庄定的年代大概是距今十多万年。那个时候，发掘出来的东西也不需要看着，那里的人基本上什么东西都不动，搞一些考古调查，也不会丢东西。我们经历过一段时间之后发现，一般的工地也都没人看着。在侯家窑的时候，不管刮风下雨，就都得看着。

我参加工作这么长时间，印象最深的可能要数侯家窑了吧，还有2013年发掘禾尧庄的印象也比较深，毕竟，是我参加的最大的一次了。我自己平时也会琢磨着打制石器，粗糙一点儿的还行，要是再细致一点儿的还得再练习。

搞调查，迷路也是常事

有的时候，搞调查的面积比较大，自己走着走着就不知道走到哪里去了，也会出现迷路的现象。有一回，雾特别大，能见度极低，连南墙也看不见，说起来还是挺危险的。跟车的师傅在路边停车等我，我去转转即将要考察的地方，都看完了以后就往回走，但怎么也绕不出去了，找不到车的方向了，最后就想我是从哪里上来的？这是南面还是西面？最后才慢慢地爬上来了，自己应该是往南走就对了。

北方还好一点儿，在南方就常常会迷路，一个是对那边的地形不太了解，要是迷路了就得原路返回，还有就是调查的地方一般都在山上，手机经常会出现没有信号的状态。天气好的时候去调查，遇见小动物很正常，比如蛇啦，兔子啦，小飞虫啦，等等。最吓人的要数蛇，遇见不搭理走人就是了。要是天气不好，就在室内做整理工作。早期，我都是凭运气乱转，现在积累了一些经验，还是靠技术看地层，反正就一边走一边看，有地层就调查，做到腿勤、眼勤、手勤就行了。

还有一回是在山东，除了我之外还有3个人，当时的情况也是很紧急的，大概有3个多小时吧，我们找不着车了。要是上午还好，时间充裕一点儿，起码天不会黑，但那是下午就很着急了。通常，我们在外面搞调查，即便没有钱、没带水也没有关系，没地方采购的话，可以去喝泉水，很多时候都是在山间遇见那种流动的泉水，蹲下去就喝。这么想想，好像还是挺艰苦的，但当时也没觉得，坚持就是胜利嘛，本着这样的信念，也就都挺过来了。

在外地，初来乍到总要受一些委屈

各种辛苦、困难都不能跟家里说，只有自己知道。就像去江西调查的时候，我们沿着墙根走，碰到了两个村民，就说不让你走，强词夺理说，你碰到他的石头，碰到他的土了。我们解释说，没碰到东西啊，但人家见你说的不是本地话，是外地人，就欺负你。我们不理他，说要不就去派出所，反正我们也没动过你的东西，走到哪里都不怕。当下我们就要打电话给派出所，他们就不那么嚣张了，要看看我们的东西。我们给他们看了东西之后，就没事了。反正就是在外面受当地人的气还是挺多的。

在郑州，我们路过一个院子，刚好有一棵樱桃树，那里的人非说我们摘了他们的樱桃，不让我们走，说要赔钱才行。那时候，他们人多，聚在一起就想讹人，跟你要钱，最后没办法，我们只好给了人家200块钱，说是摘樱桃钱。后来，我们和带队的人说了这个事，他说了那里的民情，不让我们理他。虽然话是这样说，但我们没摘樱桃非要说我们偷樱桃了，心里还挺不是滋味，还挺郁闷的。去到外地，首先是语言上的障碍，我们去山西、山东、江西，跟当地的人说起话来都不怎么听得懂，没法沟通，是个挺困难的事。我们一起吃饭，高师傅说他不要辣椒，不能吃辣的，那边的人也听不懂。如果有带队的，待的时间长点儿还好说，能慢慢知道一些。总归，语言交流上的东西就特别麻烦。

福建东西难辨认，第一次去弄就不确定，第二次去的时候，队内存在对石器的异议，带上东西找周老师确认是不是真的。福建的石器大，泥河湾的石器比较小一点儿，石器有人工打的，人工打的和碰的有区别，人工打的石器都有打击点，一打就是一个疤，碰的是一片。我们的判断方式主要就是看土层，方便找东西，石器这些东西都比较小，相对难辨认，都是下完雨后冲出来的。在大同那里我们找到过，说起来也还挺自豪的。我在后沟待的时间比较长，基本上这些年就是哪儿开工去哪儿，自己喜欢新庙庄、后沟、马圈沟这3处，待的时间也长，比较了解。

做野外调查经历的危险事挺多的，尤其是赶上天气不好的时候。一下雨，你在沟底会上不来，土路变得坑坑洼洼，滑得不行。马梁的坡又陡，路又滑，上去三四个人站不住，就得滑下来。其实，路滑没事，但要是没有经验的，直接往下跑就比较危险了，武进何有一次在上面一不小心就滑下去了，那个情形太危险了，也没啥保护措施，只能靠我们一个一个走上去，幸亏当时没什么事，要不然，后果还挺严重的。

我们调查发现石器以后，偶尔有不同的意见，虽然人多，但是在一起基本没有争吵，都会想办法解决，或者找专家鉴定，一般是请谢飞局长来看看，判断这个石器的年代。白日有说得比较准，大多数差不了，基本没有分歧。拿不准的时候还是得请年纪大的技工给看看，毕竟，他们的经验要比我们丰富得多。

有家人的支持，也有温情

我一年在外调查的时间比较长，冬天走，夏天回来。家里就是由老婆照顾，我也顾不上种地，基本都是她自己在家，有时候觉得也挺对不住她的。虽然家人也常常抱怨，但总体来说还是比较支持我工作的，我也就是爱好这一个，所以家里也不会说什么。一开始的工资只有四五十元，要是奔着工资就不干这个了，现在的收入也只是勉强可以维持生活。我一直想收徒弟，但也没人学，我孩子也不喜欢这些，年轻人现在待不住，没有那个心气儿。去年倒是来了个姓孙的小孩儿，但是啥也不会，也不怎问问题，慢慢也就不带了。

虽然说辛苦是一直都有的，但干什么都得付出辛苦啊。这些年也遇见过一些比较感人的事。在山西大学的时候，我们和他们接触了一段时间，走的时候就特别舍不得，那些学生也说还没待多久，怎么又走了，哭得稀里哗啦的，说不让我们走，不愿意我们走。后来，就没去过了，也挺遗憾的。其实，不光是孩子，当地的人也不希望你走。我们去那边做调查，没帮上啥忙，可能也就是在调查方面发挥了一些作用，给他们找了一些遗址，大概六七处吧。

调查也说不准要去什么地方，有的时候就很近，但有的时候走得也挺远的。很幸运的是，家里面的人都比较支持我，孩子们都大了，也都自己成家了，我老伴儿也支持我，我就很开心了，他们的理解和支持比什么都重要。更多的时候，也是怕家里人担心，就没有把艰辛的情况告诉他们，也不能告诉他们，如果告诉他们，下次就不让去了。我也没收徒弟，现在的年轻人都嫌工资低。我不太看重这个，要是嫌工资低，就不干这个了，反正也都是现实条件造成的，可以理解。对我来说，挣的这个钱还凑合，反正也没啥经济负担，就是兴趣支撑着呢。一般干这个的也都是四五十岁、五六十岁的，年轻人就算有兴趣也很少干这个，压力太大了。这活儿只适合有兴趣、没负担的人。我们的调查量也非常大，也是挺累、挺辛苦的。在山西搞调查的时候，是西平县杜庄乡吧，他们希望能发现人骨化石，毕竟，那里算是个源头，大家现在的主要愿望也是发现人的头骨。我以后也没啥规划，都这么大岁数了，以后能干一年算一年，哪里有需要就去贡献。要是能把泥河湾推广到全国，做到世界有名就行，也希望找到更多遗址，把考古这项事业发扬光大。

孙树平：想发掘的不仅是神秘，还是敬畏

孙树平，1977年生，河北省阳原县人。农民考古技工。

2018年加入泥河湾考古工作，参与新庙庄、马圈沟、罗庄子考古发掘工作。

偶遇机会，心向往之

我是2018年6月来泥河湾这里的。之前，我大舅宋存瑞是搞咱们这个工作的，大家都叫他老宋。我以前也不懂这个，但是我大舅做这个还挺上心的，投入了不少时间和精力，我受他的影响比较大，接触了一点儿。我本来没有学过这个，也不是特别懂，那时候，刚好说这边缺人，正找人呢，问我愿不愿意过来，我想想也没什么事，对我大舅的那些东西也挺感兴趣，就过来了。这边工地上基本上大家都有点儿关系，就是亲戚、兄弟啥的，要不，一般人也不会做这个。

我当时来的时候是在新庙庄工地，刚开始先是在那儿调查，然后就试掘了两处，在那里大概待了3个月吧，后来又来这边做工作。现在手头的工作还没忙完，工地也没发掘完，现在主要是跟着胡忠，两个人一起跑调查，别人做发掘。我刚来，啥也不太懂，现在就是一个跟着学习的状态。我之前是干别的工作的，那时候，好多电视台来拍纪录片、来采访，我都碰见过，看

到做好的纪录片，才知道自己身边的这块地方有这么重要的意义，对这个挺好奇的，来这里看了看情况，就这么干下来了。干到现在也差不多有一年了，觉得这项工作挺神秘的，也很新奇。以前从来没有接触过，反正就是感觉每一件事都挺特殊的。

初次发掘，心生乐趣

我第一次发掘石器是在新庙庄调查的时候，一开始，我什么都不认识，觉得稍微有一点儿像的就捡起来，拿着问他们是什么情况，有是石器的，也有不是石器的，确实是挺好奇的，对什么都好奇。现在见得多了，多少能了解一点儿，不会像刚开始的时候什么都捡、什么都不认识了。

第一次看见石器的时候，也不认识，就是看着跟和咱们平时的石头不一样。他们跟我说了之后，我心里就有感觉了，有一点儿开窍了，再看的时候肯定就不一样了。在一起工作，石器什么的，他们都有描述，我也有点印象，就照着那个印象去找，然后就多问。后来，我捡了一块，师傅说确实是石器，当时把我激动坏了。做了这么长时间了，还是感觉挺新奇的，也不知道为什么，心里边总想着有点儿新发现吧，没有新发现，就感觉好像有点儿不痛快似的。反正出去搞调查什么的，心里一直带着一种希望和憧憬，想去发现点儿什么。

不怕艰辛，虚心请教

都说做考古工作挺累的，我来这么久，觉得还好，我以前的工作比较累，对现在这个还能接受。既然选择来了，就没有什么困难是克服不了的。我很喜欢这份工作，一起工作的人都挺好的，大家都挺合得来，就是工资待遇上面，还是有点儿不太够。我家里有两个孩子上学，这点儿工资刚刚能满足孩子上学生活，几乎没有剩余，家里面还得干点儿别的，要不然没法生活，其他的倒是没什么，主要是万一老人生病或者遇见临时情况，就会一时没办法解决。现在跟之前的工作不一样了，家里老人年纪大了，两个孩子在这边上学，妻子一个人在家照顾不过来，我回来在这边工作，离家也近些，多多少少能照顾家里面。去外面打工，一年到头真的挺累的，虽然赚得多点儿，但是照顾不到家里面，还是得考虑得多一点儿。

目前来讲，我还是挺喜欢这个的，还是希望着能够一直坚持下去，但是具体的情况还得看以后怎么发展，现在就先慢慢干着呗，总会有新的问题要面对。以前，我接触的工作比较多，现在主要就是集中在做调查这一方面，除了一开始我去的新庙庄那边搞调查，后来也去过东谷坨、马圈沟那边，还跟着去了趟河北南边搞调查。说来也惭愧，这一年多，也没有特别大的发现。在这边很难，其他地方也不容易。因为我刚进来，对石器这一领域有很多东西都不认识、不太熟悉。要是对这个有很多不认识的地方，有很多旧石器看着并不明显，不如新石器看着明显，就很容易错过，在这边已经这么多年了，一出现石器还是感觉特别新奇。目前，我倒是发现了一些化石，没有发掘的石器、化石。但是，毕竟没有那些前辈那么厉害，想想也就那么回事吧。

我没有专门的师傅，现在就是我和胡忠一起出去跑调查。如果有新发现，我就和白世军他们一起出去。哪里需要我去，我就去哪里，反正就是学习，多跑几趟也没什么不好的。身边这么多人，就跟身边的人一起学习，从事这项工作没点儿经验不行，不是说拿起来我就会的，总得有一个慢慢积累的过程。同事们都很好，会教我一些技巧和经验，他们都很细心。就是对石器的认识，什么样的纹路是什么样的石器，怎么去鉴别石器，看不懂是正常的，这么短的时间，肯定是不懂，但是他们要是发现石器了，怎么鉴别石器，从哪个方面鉴别，也会告诉我。要是出去调查了，他们会告诉我怎么调查，哪个地层有，哪个地层没有，这个是很重要的，他们都毫无保留地教我。

有时候，我捡到一块"石器"，也不知道是不是石器，也不知道怎么鉴别，我就找身边的人询问。然后，他们先判断是石器还是化石，如果是化石，就根据动物的牙齿、骨骼各种不同判断地层，他们明白，但是我说不明白具体是咋回事。就是心里好像明白了，但是表达不出来。

险中有乐，经历增多

都说野外调查危险，我倒是没遇见过什么事，去野外调查倒是有一些，但是别的没什么。比如说，在野外调查会遇到大风天气，会攀高爬低的，经常在沟边，需要预防，还有塌方，都得预防。我之前就遇到过一次塌方，就在这边，但是具体的地方我忘了叫什么，我这刚来，有些地方还不是特别熟悉。那天，胡忠他们去那边，说去那边找点儿矿石。他骑电动车下去的，我说，两个人骑电动车走那条路不太好走，就先走了。我也没着急，就慢慢悠悠地溜达着步行，然后就去马圈沟那边。我对那边的地层挺好奇的，想着再去看看，其实，那边他们已经调查过了，所以当时就只有我自己过去了。当时，上面挺大一块土块就直接掉下来了。我当时心里想，怎么这么巧啊，那个塌方其实就是淤积在那儿，我以前在煤矿工作过，所以安全意识比较强，看到那个情况就赶紧躲着点儿了。危险总是存在的，所以要做好预防，小心一点儿总是没错的。

像是其他的总会遇见一些蛇、虫子、蝎子之类。蛇是常有的，夏天的时候，草长得高了，路过的时候，就需要看一看，提前赶一赶，看看有没有蛇之类的危险动物。日常碰到虫和蝎子的概率比较大，我还被蜇到过，出去肯定要先做好预防工作，做什么都得安全第一。

我这一年啊，在马圈沟那边待的时间久了，就想使劲儿发掘或者做调查，争取发现新的化石或者石器，对泥河湾就能有深刻的了解。现在的动力也是找旧石器，好像下一秒就会发现一些新的石器、化石，那种热情一直都在。有的地方，我们都找好几年了，在西边的郝家台那边。我今年又约着胡忠师傅去那边看看，虽然好多年前已经去调查过了，但是石器化石这些都是埋藏在地下的，说不定风吹雨淋，地貌有些变化就能发现一些新的东西。所以我们今年又去了，但还是没有什么发现。虽然没什么发现，但是我去遗址看过了，就有个心理安慰，心里有一块石头落地了。这个事情很简单，比如说你5年前转了这个地方，和你5年后再转这个地方又不一样了，也许有冲沟了，把东西冲出来了，谁也说不准。所以你必须再去转，隔个几年再去转，这样才有可能有新的发现。毕竟，只要有东西，就一定会发现它的；很重要的一点是，经验越积累越多，每次看都会有不一样的体会和发现。

愿后生们心存敬畏，多多加入

毕竟，我们在这里工作，希望泥河湾可以越来越好，希望遗址公园可以建得越来越好，不要太拖拉，也希望我们的工作前景再好一些。现在，新生力量很少，走了一批老一辈的，人员的力量就大不如前了。就比如说我，现在已经40多岁了，再怎么发展，毕竟年龄受限，最好是多吸收新生力量。但是现状很难，在经济上有一些问题，本来有很多要来的，但是最后都没来。好像都是说，生活压力大，工资有点儿低。我之前的工作赚得比这个多，但是从年龄、家庭的方面考虑，我还是回到这里，他们给我办了劳务派遣，反正农村人嘛，养老啥的还是有点儿资本的，所以我就回来了，农村人干活儿也老实。要是未来让一些孩子或者是年轻人加入考古事业，真的就有希望了。年轻人你让他跑跑野外，他有时还不乐意，他没成过家，要是他成过家，就有经济压力了。

其实，在没有参加泥河湾考古工作之前，在村子里生活这么多年，我也知道考古，我也来这边旅游过好几次。别人来都是看风景，看那些沟沟壑壑的，我来这里考古之前，就已经把探方都看过了，那时看的都是考古发掘完的，你不知道也没见过这个究竟是怎么做的。后来说来这里工作，我啥都没想就过来了，因为好奇。

但是当时的想法和来到这里后完全不一样，当时想得比较简单，做起来就复杂多了。当时想象的是类似于发掘工地上的探方，大家都说也就是挖得光滑一些嘛，我心想没那么困难，因为我之前也干过像是室内装修这种工作，也是精细活儿，有了一定的经验，感觉很好做。但是进来之后，就感觉不是那么回事了，没有几年的工夫，根本就做不成看到的样子。这些工作真正着手做和想象中最大的不同，就是对石器化石的认识。说白了还是得靠经验积累，要跟师傅们多学习、多干活儿嘛，我们这个年纪干活儿倒是没什么，农村人最大的特点就是踏实肯干。

现在接触到的泥河湾，最吸引我的地方就是看到考古出土的一些新发现，之前我就是出去玩，看到一些颜色奇特或者奇形怪状的石头，我就会捡回去，收藏起来，现在家里也收藏了很多，对这些比较感兴趣。现在知道了旧石器时代考古什么的，就更加感兴趣了。我觉得不管是年轻人还是我们这一辈人，做事情最主要的还是兴趣。泥河湾最大的特点，或者对于其他人来说最吸引他们的，就是因为它具有神秘感，很多人都不了解，那么他就感觉很神秘，他就想要去了解。泥河湾的魅力也吸引着我从事这项工作，未来将一直做这项工作。

陈辰：把工作当乐趣，心系后辈，服务祖国

陈辰，1988年生，福建人。考古技工。

2017年加入泥河湾考古发掘工作，参与马鞍山遗址、白马营遗址发掘工作。

机缘巧合，结缘泥河湾

我是福建人，第一次来泥河湾是在2014年。2015年，我到了西水地工地，也就是马鞍山遗址，但我们现在挖的不是马鞍山遗址，是塔梁遗址。马鞍山遗址在西边，塔梁遗址在东边。

之前一直是在福建，不是做考古工作的，接触考古以前，我在工厂里面上班。那时候，刚接触考古嘛，福建的博物馆馆长问我说，有没有兴趣过来看一下。我想了想，对考古还是有一点儿兴趣。那时候，也是抱着尝试的心态，就顺便过来看一看，差不多待了一个月。2014年，我第一次来泥河湾，后来觉得挺感兴趣的，就一直在这边了。现在是一年里面福建、河北两头跑。一般来说，每年6月份，就到泥河湾这边来，一直持续到9月底，除了这段时间，就回去福建的工地。因为福建旧石器的工地比较少，目前还处在跟着前辈学习阶段。

自2014年开始，每年都会过来看看，每年的发掘的内容都不一样。目

前的进度，就是西水地和东堡乡白马营的工地都在进行中。我们发掘的过程中都有一些化石、石器出土，年代从旧石器时代中期到旧石器时代晚期，还有一些用的石料之类的东西，都是有区别的。一开始可能制作的石器比较差，不知道是什么材料制作的。到后面他们会发现并积累经验，到晚期制作的工艺就比较精美了，用的原材料也会专门挑选。专门去挑选一些比较好加工的，做出来的东西形状啊、实用程度啊，都是比较好的。我们在后期整理这些材料的时候能很明显看出来技术和材料上的变化与不同。

民众的支持是考古中最有趣的事

其实，考古这东西呢，挺枯燥的，但要是发现一件比较好的标本，就会觉得它很有趣。这个标本是上次做得非常好的，像我们要是发现到这样的东西的话，就会感觉很高兴，就是那种比较兴奋的状态。我们每个月都是在工作嘛，这其实就是一个发现的过程，很有成就感。然后，工地做完了，把这些照片拍好，然后把三维模型做出来。那这个过程中，就会有自己的劳动付出，这件事就非常有意义了。

做考古工作有些时候确实是挺累的。比如我们出野外做调查，一般是几个人一起，到了野外以后，前不着村后不着店的地方，只有一点儿时间给我们吃中午饭，但是整个人的能量透支了很多，已经累得走不动了。那时候，我们五个人，两个同事就开着两辆车先走了，剩下三个人继续坚持做调查，那时候已经1点多钟了，我们都特别累了，水也都喝完了，就跑到人家地里摘了两个西瓜。不过，当时看瓜的人还在，他们就去问了一下，摘了两个西瓜，然后就在那边吃了，还给回去的同事带了。当地的村民对考古的人都很熟悉，也没有要钱之类的，直接送给我们了，感觉大家就是挺支持的吧，他们这边的人都比较熟悉，因为我们穿的衣服他一看就知道，走出去的时候，他就会问："哎，你们是考古的吗？"都很热情，民风很淳朴，相处起来也很舒服。

比如说,咱们去他们的地里面拿西瓜什么的,因为我另外两个同事是当地的,他们过去说一声,直接就可以拿走了,村民也很乐意分给我们吃。其实,在我们福建那边也是这样,我们到别人的果园摘两个瓜果吃,别人不会说什么的,你只要不拿着袋子提着走就没事的。我国各地的农民都特别朴实,不会在乎这一点点东西,只要说一声、打声招呼,都没问题。跟这些人接触多了,就会觉得干考古这件事其实是一件单纯又很开心的事情。

调查复杂,条件艰苦

我们要去做一个遗址的调查,就会先看整体的大致地形,会通过谷歌地图,以及各方面的数据进行分析。首先就是地图,然后就是看这里有没有那种落差比较大的地方,比如断坎之类的,我们要直观地看到那个断面,断面在哪个地方,什么方位。石器在地表上面,我们就能看得到,它是原生在这边的,还是被水冲下来的,我们都得判断出来。找到这样的地方,我们就到这里去,然后沿着那种断坎的地方,比如说一条沟,我们就沿着沟两边慢慢地找,走走看看它们冲下来的地面上会不会有残留出来。就是找到这样子的我们就可以去这里,这里肯定是有石器了,像这样子是比较难得的啦!找石器就是去看一些打击点,去判断它是不是人为地造成的一件石器,找到以后,比如说是在地上找到的,就会去断坎那儿找。在断坎那找到以后,我们一个就会进行试掘,挖一条探沟。

当探沟挖完以后,就会有明显的地层线显露出来。这个是比较大的了(指电脑成图),看这个还没成图,这个线就是地层线,我们就会根据图色的不同判断。在这里,从这个地层开始,就到它的文化层了。遗物通常会处在这两个层位之前,也就是我们通常发掘出来的石器、化石啊一类。中间这条线是因为它的土质有所不同,上面土质较松软,下面土质更硬。我们也给它画了这样一条线，方便后期看的时候进行区分。通过试掘以后能很好地了解这里遗物的埋藏状况、遗物的种类等信息，通过这种显示出来的信息判断遗物的大致年代。

比如说这种是我们很容易能够看到的，但是也还有别的东西。从我们之前挖掘的其他东西来看，资料是比较差的，但我们大概也能通过经验判断它是距今3万年、5万年，还是十几万年的，但是这都是不准确的。最准确的还是通过里面的碳元素测定，测定它的准确年代，通过科学手段佐证经验的判断。

挖完了以后，我们就会出一个调查报告，记录在这里挖到了什么、地层堆积是什么情况、1平方米出土遗物的数量、典型器物有哪些等等。调查报告通过审核之后，我们的领队可能就会考量这个遗址要不要申请保护，明年要不要来这边发掘。有必要的话我们明年再来这边进行发掘，这样的话面积会比较大一点儿。因为一开始的试掘都是挖一个1平方米的小探沟。申请发掘的话面积就会比较大，发掘一下遗物的埋藏状况，如果有必要的话还会再扩大。

像我们现在都是露天发掘，发掘完一般都会搭棚子，主要是怕雨水侵蚀。在河北这个地方除了雨水侵蚀其他还好，只要不是被雨水侵蚀，他们这边的黄土土质还比较稳定，不会坍塌，保护好的话可以存留十几年，可能从表面上不怎么好看，但是刮一刮还是一样的。

科技考古大有裨益，人力仍不可或缺

就泥河湾这边的情况目前来说，从2014年开始，我们就是最早跟着领队周老师学习三维建模这些方面的东西，所以我们三维建模做得比较早，也比较好，其他队的话，我不是很清楚他们的状况。我们目前做的这种三维建模的主要作用和用途是为了保存资料。因为三维建模以后，我们每一层的标本都有一个完整的坐标系在里面，通过坐标可以了解到遗物的埋藏状况，文物的分布范围。因为文物挖着挖着就没有了，很多年以后，遗址也有可能会被风化之类的。我们通过三维建模留档，比照片更直观，留的资料更多，更完整。

现在，我们三维建模的数据组成、数据来源都是用全站仪建站的。比如说，我们用全站仪建好坐标系，以全站仪的建站为坐标，标注好遗物的倾向、倾角这些东西。还有就是一些遗迹，遗迹得保护，得留档，这些都会专门再做三维建模。把它的整个剖面情况，文物的分布情况做出来。我来的这四五年一直是主要针对西水地这边的遗址，塔梁遗址和西白马营也一直在做，基本上就是在这些地方挖掘，其他的工地不是特别清楚。

其实，我们学的东西都是一样的，都能做。比如说，做航拍的话，那关于航拍这边，我就不用管了。再比如，如果做三维这方面的话，那他只要问我要数据，要三维成像的图就行了，其他的就不用管了，但是我们没有具体分工。现在咱们工地这边具体就是发掘跟室内整理嘛，调查、发掘、室内整理就是考古的三大块。我们前期的勘探调查都是一起的。比如说，我今天跟小高两个人在工地，没什么事情的话，我可以跟小高这样讲，你在这边看着，我去附近转一转。就在这附近看一看、走一走，这个其实也相当于一个调查。考古发掘就是负责挖这个，然后平时要注意岩层土质的变化及分布，特别是土层变化出现的时候，要特别关注遗物的分布这些，做好标本的分类，编号整理，做好记录，就是写日记，这个就是考古所要求做的。到了室内整理这一块，就是绘图，对标本拍照，最后就是文字资料的整理，数据的整理，比如说要准确地测量。还有就是确定石器打制的方法方向，打制多少片，测量石器的长、宽、厚、重，还有棱角、锋利程度，都是最基本的。这么说起来流程其实很烦琐。在这些里面绘图还是比较难的。咱们现在的工地，比如说全站仪、无人机等都是常备的一些设备，相机也是必须要有的，拍照片、拍视频之类的都可以用。我们用得最多的就是相机，每挖一个标本，我们就会拍个一两张。像全站仪用一次就好了，就是把站建好，建立几个数据的坐标点，等挖了一两米需要重新做数据点的时候再用，我们平常都会挖得很深，然后就提着全站仪。

做科技考古这些只要把照片拍好，三维建模按部就班地做就好了。流水线的过程其实没什么特别大的难度，只是现在工地上可能年纪比较大的人多一点儿。我们工地现在有8个人，其中技工目前就3个人，还雇了5个民工，都是当地的居民。泥河湾这边，当地人普遍知道考古这一块儿，哪个工地需要他们，他们就去哪儿，只要开工都能找得到人。我到西水地那边的马鞍山遗址挖的时候，他们就在西水地那边，在塔梁挖的时候，他们就在塔梁那边。因为这个村的人他们从八几年、九几年就开始参与泥河湾考古了，都是会挖的，有了工地就到这边来挖一挖，没有工地就去做自己的事，实践经验要比我们丰富得多。

我们工地现在的技工都是二十七八岁、三十多岁，但是其他工地看到的好像年纪都比较大。因为2014年正好社科院招人，我们领队计划招几个年轻人，从头开始教。最开始来的时候我们是什么都不知道的，就是拿一个东西给我们让我们看。然后我们一点儿一点儿学，领队一点儿一点儿教，慢慢地做事情嘛，有了一个积累的过程，就学会了这些东西。我们组目前有3个技工、4个年轻人。负责河北和福建两个地方的遗址勘探，福建那边两个年轻人整理当地的标本。两人其中有一个是福建的，还有一个是跟着我一起勘探的。其他的那两个年轻人是阳原本地的。当时领队招我们进来的时候就是考虑福建那边也要做工作，所以多从福建招两个，阳原这边也招两个。其实，我们主要的工作中心是在福建和阳原这两个地方，下半年天冷的时候，就到福建去了，按照季节这样的，这边干不了就到那边去。

我们在发掘的过程中经常发掘出石器或者动物化石，因为它们都是古人丢弃的，如果它们在同一个地方的话，那它们就是同一个时期的。如果是挖到一些遗迹，比如说，旁边有一个火坑，火坑边上都是一些碎骨，那么我们就可以判断它们是一些当时吃的东西。大部分的情况下都是比较无序排列的，比较零散地掺和在一起。这样的话，也不是很好判断它们之间的关系，因为不能确定它是否原本就在那儿，还是被水冲过来的，所以说，很多情况下，是没有办法去把握的；如果是遗迹的话，比如说有火塘，有一些东西是有序地排列，有规律地组合，我们可能能够判断出它的用途和旁边的东西。我们也是通过这些判断去猜测它们到底是怎么样的，它是在里面吃东西啊，还是在里面怎么样，会不会有一些砍杀动物的痕迹。比如说有一些大石块就可以通过超声波进行残留物提取，看一看石块上的一些残留物，有没有血迹之类的东西作为证明，这个石块是不是被当作工具用过。这个都是需要后期在实验室里做的。

我们以前觉得航拍很好用，现在也有无人机。其实基本上都是这样，全站仪、相机，没有太大的区别。旧石器时代遗址和历史时期遗址在一些技术层面上的东西其实都差不多，也是绘图啊之类的。我们之前去过挖窑址，当时他们没有航拍，没有三维图鉴。去的时候他们知道我们使用的设备，我也帮他们做了三维图鉴和航拍，他们也觉得这个东西非常好，对他们的工作非常有帮助。其实工作内容大多数都是一样的，都是搞清楚地层埋藏的情况，遗物的分布情况和年代，遗物出土的分类。所以说，未来还得再慢慢地发展。

我们目前在旧石器时代遗址挖掘中没有发现墓葬之类的。我们在南方还发现过宋代的瓷片。就比如说这是一条沟，好像是水冲的，可能就是从山上往下冲积形成的。这就意味着，宋朝时期，这是有人类活动的。就是说原来这是一条深沟，这个土是冲下来的，然后慢慢地堆积。堆积之后又填满了。这个遗址的状况就是这样的。在这个过程中，我们发现宋代的饰品，一看怎么还有瓷片？就是青白瓷，大概就是宋元时期的。像这种情况，我们碰到了，就把瓷片收集起来了，再记录一下，这个地方是我们路过的。泥河湾这边，我不是很清楚有没有相关的历史遗址，就是说整个调查的话要你自己去找。比如说，在这一块儿地面要去找遗物的时候，我们都能碰到；但是有些时候，比如说我们去找旧石器时代的遗物时，就算知道有宋元时期的，也不会太在意。首先因为它在地表，如果是从地面冲过来的，就找不到它是从哪里来的，所以我们一般来说地表的东西就不是很确定。就比如说我在这边找一些地表石片，我也不能确定这边有遗迹。我们一定要找到在地层里面的东西，才能确定这个地方是有埋藏的遗迹。地表的东西我们都没有办法确定。

现在关于人类的东西，其实我们大多数都是石器找到了以后就能确定了，确定这里有人类活动，但是还没有具体的骨骼标本，人的骨骼确实是比较少的。我们找出来的时候大多数都是很碎的碎骨，没有办法辨认，保存条件比较差。像泥河湾这边相对来说好一点儿，骨骼都是保留下来的，要是在福建那边是一块儿骨头也挖不到。

福建和河北的不同体验

我们福建那边去年有幸发掘了旷野遗址；但是福建那边是山区，人类居住密度比较小，人口数量比较少，所以遗物很少，总共也没有几件。时间上已经确定的就只有几件东西，其他的都是不确定的。一个是旧石器，然后是新石器。那边的遗址现在还没有命名呢。发掘这个遗址是因为三明市那个地方打算新建鱼塘，在施工的时候用挖掘机挖出来一大部分石块，把里面的石器拿去问博物馆。博物馆看了觉得有点儿像石器，就带到福建博物院去找相关的专家给看了看，经过鉴定，他们觉得这个是石器。然后我们就去那个地方挖了一个小探方，后面就确定了是人类使用过的石器，后续再继续挖掘。

福建那边的遗址和咱们这边的区别很大。北方的石器是小石器，南方的是大石器，稍微加工一下就用。这边的石器都是经过加工的，都是完完整整的。一个石器从山上滚下来，不可能只有一边加工过，然后另一边手磨或者怎样。而且这些全都是从这一边加工的，都是很连续的。所以说，它的石料就非常差，很难看到一些打击点。没有办法去鉴定，只能通过一些细节去观察，根据它的形状去确定。虽然都是旧石器，但是完全不同的，就像是这种石料，在福建接触的遗址也就两三个。我是福建人，像这种石料，我们那边没有，主要就是地质的区别，福建大部分是喀斯特地貌、溶洞地貌，石灰岩的地面腐蚀很严重。看着形状很像那个时期的，但腐蚀得太厉害，完全看不出来，整个东西变得很圆滑，没有办法确定这些究竟是不是有人类打制的痕迹存在。福建那边，我接触的遗址就一个，出土的东西只有几件。没有办法去找相同点和不同点。

考古人员紧缺，实践学习很重要

目前来说，考古的人才还是很紧缺的。考古挖掘不只是挖完就算了的，比如说，我们挖一两个月，回去还要整理，整理就涉及很多东西了。像旧石器时代没有标本修复，新石器时代的、历史年代的需要修复。还要绘制地图、拍照。如果是发掘的是新石器时代遗址，需要统计陶片数量，看到很多的标本堆在旁边，头都大了，而且还要统计陶片上的文字等。目前，考古行业从业者的数量是比较少的，培养这类人才的学校和开设的专业也不多。考古这个职业比较寂寞。很多学生读了这个专业，但不一定从事这个职业。这个我也不是很清楚，我也不是很了解他们的情况。我个人觉得留下来干考古的是真的喜欢这个职业。所以，现在人的观念还需要多一些转变。

相对来说，一个大学本科毕业生干考古，挣的钱确实比较少。我们的待遇感觉还行，但我们是属于社科院的，社科院负责我们的薪资。年轻人刚毕业拿一两千块钱觉得很没意思，隔几个月就换个工作，还没有稳定。等年纪大一些，安稳一点儿就比较好了。年轻人可能更没有经历过这种心态，就会不太稳定。如果没有经历过一些事情，不能够踏实下心来，这个工作就做不好。年轻还可以有换工作的机会，像我这种30多岁的人，我也不会换了，就稳定下来了。

  社科院这边用人的标准或者要求也不是很高。因为我们接触考古，其实对我们的学历要求不高，关键是很多东西都要在实践中学习。刚来的时候，我是一点儿考古知识都不知道的，都是我们领队，还有成所手把手教的。其实，这个东西还是比较传统的，就像师傅带徒弟一样，都是这样带出来的，很多东西让我们去学，比如说拿一本书让我们去看，看完就看完了，没有很多感触。要真正地把这些东西一件件地去摸，才能真正地学到一点儿东西。要是只按书上的话，我感觉我是学不到什么的。今天拿本书给我，明天再拿个石器给我看，我完全不懂，就是书里的东西应用到实践中还是很少的。

  平时，我们跟其他的工地虽然也会有交流，但是不是很多。对于我来说，领队和领队之间交流得比较多，因为我们是负责做具体事情的，所以没必要太多去交流。我们自己的事情也很多，自己做自己的事情就是了。每天的时间和任务也是比较紧张的，上午4个小时，下午4个小时，下午大概是3点钟天气比较凉快的时候再出去。

宣传阳原，服务国家，贡献世界

  未来打算一直做这一行。要是以后有了孩子呢，可以看他自己的兴趣，他如果喜欢那就做。反正就是这么说，男孩子无所谓，女孩子不让她做这行，因为多少还是比较辛苦一些的。

  其实，通过考古发掘，我们每年都在做这个工作，都能有重要的发现，都会好好地保护这个遗址。一讲到元谋人，我们都知道，但是讲到阳原人，我们大多数都不知道。也就是说，通过这样的文化传播，可以带动一个城市的发展。元谋人已经出现在教科书上了。我们也可以将其作为一张城市名片，是非常好的。旧石器时代考古，在中国乃至全世界来说，其实是最好的、标志性的东西。我们现在这个阶段就是在一直往下挖，挖到底，挖到没有遗物出现为止。比如说这一层有遗物，挖完这一层，我们会根据情况再往下挖。可能会往下挖到1米，看情况吧。再往下不清楚的话，我们就用勘探。往下探个两米，看看地层堆积情况，然后再做下一步的工作计划。现在的是没有挖到底，我们会再往下挖挖看。

像我们常规性的旧石器时代的遗址，会搭建一些保护棚；但是早些年，像白马营那边20世纪80年代的就是露天的。之前，白马营好像也是一直要做保护棚的，后面，我也不知道什么情况。一般来说，阳原这边都是露天的吧，这也是一个经济问题。这块挖掘之后也是要搭一个棚子保护起来。如果以后还要再挖的话，可能就不搭了。因为我们要继续挖的话，搭棚子就没有意义了。我们的资料都有了，对这个遗址只要不是大规模地破坏，或者流水侵蚀，就没什么大的影响。如果以后还是要往下挖，这个东西保护了也是重复建设的。

说起来，遗址的保护就是经济保护，我们政府搭的棚子大概有6000平方米吧，是由当地政府出资修建。我们这边财政方面比较紧张，希望以后能够多给予一些支持吧。

高志伟：做严冬里的翠柏，意志不衰

高志伟，1988年生，河北阳原县人。考古技工。

2014年加入泥河湾考古发掘工作，参与西白马营遗址、马鞍山遗址发掘工作。

因缘际会参与泥河湾调查

我从2014年开始进入考古这一行，是通过社科院招聘的途径进来的，我是阳原当地人，当时经人介绍认识了成胜泉老师，他问我喜欢考古这行吗，我觉得挺有意思，就答应了。我从进来就属于技工，就是技师。当时感觉就是挺好奇，也不太懂考古，就是慢慢地学习，实习将近一年吧，感觉还挺喜欢，再就是领导觉得我们干得可以，一年以后，与社科院签了合同。后面，我们一直跟着成老师，社科院在福建那边有个东南考古基地，我们就一直跟着他两头跑。河北这块，夏天只能发掘5个月，发掘到10月中旬，以后基本上就发掘不了了，剩下的时间，我们都在南方发掘。其实，我们一年四季都在工作，也没有星期天之类的。

当时，社科院那边要人，明确说需要你吃得了苦。这个工作事情比较多，因为考古是要兼顾各方面的，包括人、事、工地各方面的管理，也就是说要有能力。这里的人员也比较多，要有一些自己的特长。进来的时候有5

个人吧，5个人现在走掉1个，实习期还没过就不干了。一个是辛苦，再就是我们的工资比较低，大家伙感觉不太合适，就是对于生活这块支撑不太够。因为我长时间不回家，家里的人没事干，也会来看看我什么的。要是回家，开车估计也得40分钟，第二天跑太累。反正我在河北发掘的时候，一个月也能回三五次家吧，就是回去看看。

工作和生活这方面现在也不好协调，因为长时间不在家，也不是两个人共同生活，很明显，现在也就是我妻子过来看看，我多回去两趟；但是我一到福建，就没有机会了，也是很让人发愁的事。

未来太远，立足当下

未来的话，看情况吧。现在我们这块没必要去野外出差，可以选择在这边，夏天发掘完，冬天可以做室内整理这些事情。因为后期整理的事情，比发掘的事情更多。就是说看情况，如果想在家多待待，就可以留在这儿整理。

现在主要是一边学习，一边工作，我还有很多东西不是特别了解。单位对我们也有各种培训，我们都会去，但是大多数情况，还是得靠成老师和各位老师去带，因为这个比较直观。其实，培训学的那些东西，也就是绘图和各种电脑软件等；你到了野外，老师傅经验丰富，他们干了三四十年，说出来的话也让我们比较好理解。有时候，专家、教授过来，他们也厉害，但我们有时候理解不了他们说的，他们说的都是大范围的，但是，我们干的属于前线、考古第一线，我们做好自己的前线工作就好了。他们那些大范围就属于他们领导、教授之类的事情了。

我们一年四季都这样，要不就在考古工地，要不就在室内做一些整理工作。从一开始我跟陈辰就在一起，一直都没有分开过，所以我们的经历基本上差不多。这段时间主要在工地，一直在塔梁发掘。去年，我在东白马营发掘，陈辰在塔梁那儿发掘。今年，白马营没有开，因为人手不够。去年，我们人手多一些，所以我俩就都在这个工地了。

我们现在工地开工的要求是：一要人员足够，二要向上提交开工申请。还要有发掘执照之类的。我们团队属于社科院，在团队里，我基本上就是负责发掘整理，基本上就是工地管理吧。工地上聘用了一些技工，教工人怎样去发掘，控制大局。其实，我们都已经干了四五年了，基本上就全部都会了，随便谁都能带工人。

石器：印象深刻的事

印象比较深的事就是石器。在这里只有旧石器，福建那边是新石器，有点儿区别。在新石器的那方面，一去就和老师傅们学着如何整理。当时，一进屋里就看到满地的陶片，头疼。因为它不是数数就可以了，要做记录分析什么的。去了特别头疼，一个半月一直在做陶片的统计和分类。当时，穿的一条裤子磨了个洞，把屁股都掉皮了。成天就坐在小马扎上分类，很枯燥。让我一直做一件事情，我待不住。所以，这项工作对人的耐心可能要求高一点儿。

我们如果是在野外发掘的话，毕竟是露天啊，也有遇见一些比较危险的事情，探方塌方等都会有。毕竟在野外，危险性还是有的，只不过是在一般情况下，我们都提前把它杜绝了。之前跟我同事也有过一次试掘，就是探方塌方了，不过当时挖得不太深，也就一米多点儿，塌了以后，我们人就直接躲开了，都会有这些情况的。我们挖探方，在挖到一定深度的时候，会有一些加固措施。像我们向下挖1米多都会留出1米的台阶，就是像咱们那种把楼梯留下来，属于一种加固和保护的措施。

发掘的过程中，也有史前遗址、夏商周时期遗址，再往后面就不是我们发掘的范围了。因为之前我们会做调查，调查会有试掘，有试掘的情况下，基本能知道它是什么年代，然后再大规模地发掘。这边有一些历史时期和史前文化叠层，只不过不归我们这一块儿管，因为我们主要负责和研究的是旧石器时代。在挖旧石器时代遗址的时候，上面不一定会有晚期的文化，但是在塔梁遗址的发掘过程中，也会发现一些晚期的陶片什么的。我们会做好记录、采集，因为都属于考古的东西，都可以采集。我们不可能因为主要挖旧石器，上面层位的东西看到了就不管了。其实，干考古，那样更好，我们可以有二期、三期、四期延续的文化，更有说服力。

苦中作乐，行我所爱

说起来，这个工作有点儿枯燥，但也还是喜欢嘛，如果不喜欢的话，我也不会坚持。就是说，还是兴趣比较多一点儿，这一行是很苦的，如果工资又不太高，兴趣再没有的话，谁也不会在这里坚持了。

现在我们做科技考古这方面，虽然跟他们中国科学院还是差一点儿，但我们更全面，整理和涉及的资料更多，像三维建模部分，把技术融入考古，周老师是第一批做实验，延续和验证工作的可行性。他们之前都没做的时候，周老师从2015年就开始做这些了。这边的科技考古是从2016年开始运用三维建模，无人机之前都是会用，但是单位不会给发，那时候，我们都会去各个地方借，借到以后用来拍照。不像现在我们每层都会用无人机拍，两天基本上拍一次。三维建模，各个探方我们基本上都会去做，现在比较成熟一点儿。

有时也会有一些机会去其他的工地交流，因为现在还没普及这些比较高科技的设备。其他的一些工地我也去过，但他们没有应用三维建模这些技术。然后我们会过去教他们大学生去应用去学习，把他们教会，基本上四五天我们就回来了。其实也没有太难，因为大学生学习东西比较快。

我之前在企业上班，因为成老师在这里工作，所以我就辞职去了社科院。考古的工作确实挺辛苦的，比我想象中要困难得多，付出的时间、精力以及各个方面牺牲的东西还挺多的，基本上，家里牺牲得比较多，回不了家，常年在外面挺辛苦。不过，可以向领导申请，毕竟出差你可以选择去或者不去。如果不去的话，就在家整理一些东西。现在年轻，压力什么的可能还小一点儿。出差的话其实挺好的，算是去"玩"。像去年我们做福建的旧石器时代考古调查，算是专项，到今年已经调查两年了。它就属于福建省每个市、每个县每一寸土地，你都要跑，遇山走山，遇水走水，天天拿着地图或者咱们的资料去对比。像三明市，我们都会去，把它全部跑一遍。

我们现在出去做调查，基本上就靠经验，最多就是把洛阳铲和无人机带过去。大多数还是靠人力，有时会用探针雷达之类的，和用洛阳铲是一个性质。探针适用于找墓穴，打到木桩时，它会停掉，然后它会去测量墓室有多大。现在还是用洛阳铲看土质、土色比较好，更直观一点儿。旧石器这一块和新石器不一样，旧石器必须有断面，在地表上是发现不了的。在地表发现的东西也没有说服力，因为不知道是哪来的，它不是原生的位置。所以说，必须找断面、断坎那些地方去调查，比如说，去砖厂之类的，因为他们会去打剖面，各方面基建、高速那些地方也比较好找。因为它们是有指向性的，像福建调查时间长了，也会知道哪个土层出现旧石器的概率比较大，就会去找这些。现在和以前相比，科技手段更高一点儿，辅助技术更多一些，但是早期文化毕竟是多石头或者是动物化石之类的，这些仪器探测不了，石化程度多么高也探不出来，得挖出来，然后拿到中国科学院的实验室里面去鉴定石化程度、年代。未来有可能发展出这种可以扫到下面的仪器，就像探地雷达，因为现在科技发展得太快了，好多东西可以让我们的考古工作轻松很多。像我们以前出一件文物，都要带全套仪器，每个都要测点之类的，现在我们会拍三维照片，把所有数据反映出来，保留原始记录，然后地貌的每一层原始状况，都要比当时中国科学院测的那个更好、更精确、更直观。

环境艰苦,继续前行

我们现在发掘的是泥河湾塔梁遗址,下面要挖到多深,挖到没有,啥时候会结束,现在也不敢保证。现在,我们挖下去有4米多了,第一层已经挖完了,第二层我们正在进行中。这个是从去年开始挖的,我们挖得会很快,但是到后面整理的时候,真的很麻烦,它资料太多了。中国科学院他们基本在工地就把材料做出来了,数据会直接录入进去。像我们大多数这些东西,早早挖完,剩下的就会去办公室做整理。

目前,我感觉,我认识石器这部分还是不错的,旧石器文化会直观一点儿,在认石器能认好的情况下,做调查很方便,就会更好地去认识、去辨别。在野外调查,要是遇到危险情况,我们会避开,人是活的,要是太危险了,我们就不会上去了。如果带着相机什么的,我们会把镜头拉近去看一下,大多数土质都可以看到,还是比过去要好很多。我们调查都有车,对比他们20年前那种调查,辅助手段、工具和条件要好很多;但其实,还是经常会受伤,在野外会碰到一些蛇啊,这个很正常。今年上半年,我去调查,走着走着,我不走了,后面人就跟着不走了,他们就知道怎么回事了。当时就是有蛇,我们就绕开它,因为在南方那边,植被覆盖率已经达到90%,它基本上全是绿的,那些蛇之类的还是比较多的。太茂密的草丛,我们尽量还是要避开,不要进去。他们说,野猪什么的会比较多,但是我去了好几年都没碰到过。南方那边,野果子什么的比较多,叫不出来名字,都可以吃,我总会去尝一尝,再摘一点儿,也属于调查过程中的乐趣吧。北方这边就比较少,植被不是特别多,很空旷。像白马营遗址秋天的时候,也没有什么庄稼了,看着就黄黄的、灰灰的,还是比较荒凉的那种。咱们北方,怎么说呢,还是地势比较平坦,种地的比较多,不像南方植被比较多,都种树,它的树四季常青，一直都是绿的，还是气候上有一些差别。

我未来的工作重点在泥河湾，陈辰的重点还是福建史前遗址，他来这边属于出差。未来对咱们泥河湾的期待是能补上距今10万—3万年这块空缺，能够找到这段时间的一些东西，补全一些资料。这样，泥河湾距今200万—1万年的资料就比较连续、全面。我们非常期待大田洼考古基地能建设起来，这是属于我们的一个工作站。现在，我们的工作条件比较艰苦，如果大田洼那里建设好，到时候，我们可以拿着东西去整理，毕竟技术、条件会好一些。像我们这种工作怎么说呢，去哪里干活，什么条件都有，没有民房住宿的情况下就搭帐篷，如果离县城比较近的情况下，我们可以住酒店之类的。条件有好的时候，也有坏的时候，但总体还是比较艰苦的。

致 谢

从拟定要做《泥河湾考古口述史》项目至今，需要感谢的人太多，师友亲朋们为了书稿的出版，从采编、校对到一次次的修改，给予了我莫大的信任与包容。

致谢略显俗套，但满满都是真诚和由衷的感谢。

本书能够出版，让我感受到良师益友的温暖与可贵。

感谢高星老师对我提出的"懵懂"问题耐心解答，感谢谢飞老师关键时刻的点拨与协助，感谢梅惠杰老师和赵海龙老师的包容与指导，尤其感谢远在张家口阳原县的孙莉老师和成胜泉所长以及奔走在考古第一线的技工老师们。成所长对于我多次"叨扰"永远在第一时间回复，且从协调技工老师们的采访到后期的文章修改、核对，对我襄助良多！前辈们对于泥河湾的炽热感情与工作中的低调随和，让我在书籍准备的过程中获益颇丰，我要以前辈们为榜样，快速成长。

2015年，承蒙恩师不弃，我有幸加入衣长春老师门下。不管是书籍的落地还是成长的路上，老师的博学睿智、温文尔雅皆对我影响颇深。"放手去做吧，孩子。"很多事情的付出不一定当下会有回报，但总会在某一天给你一个反馈。每念及此，总担心深负老师栽培之心意。师门是温馨的大家庭，大家皆以不同方式给予我支持和鼓励，于此也特别感谢李罡老师和李永超、于宏伟、贾姝敏、王藤等兄弟姐妹在前期采访中的大力支持。即使书稿告一段落，我对于学术的追寻和后续的研究将一直持续。

最后感谢我的家人，在我深夜默默写下这段感谢之时，他们会递上一杯温热的牛奶。多年来，对家人的付出远不及索取，但仍旧被家人的爱包围。

限于学识、阅历、时间，浅薄疏漏之处还望多多包容。

文字有限，但情谊无限。思雨何幸，能得身边亲朋、师友的支持与包容，感恩曾相遇之人、曾经历之事，将永怀赤子之心。

李思雨

2024年6月1日凌晨2点记于家中